LIANELLA LIVALDI LAUN

Lilith im Transit

Standardwerke der Astrologie

LIANELLA LIVALDI LAUN

Lilith im Transit

Der Schwarze Mond im Alltag

CHIRON VERLAG

Originalausgabe

Alle Rechte vorbehalten
© Chiron Verlag Tübingen, 2000

3. Auflage 2018

Umschlag: Walter Schneider unter Verwendung
des Bildes »Lilith« von Gabriel Rosetti

Druck: Finidr, Cesky Tesin

Zu beziehen durch den Buchhandel oder direkt beim
Chiron Verlag, Postfach 1250, D-72002 Tübingen
www. chironverlag.com

ISBN 978-3-925100-51-2

Inhalt

*Ich widme dieses Buch allen Frauen,
denen ich im Laufe meines Lebens begegnet bin
und durch die ich das Weibliche immer wieder
in anderen Facetten kennen lernen konnte.
Und allen Männern, durch die ich
meine eigene Weiblichkeit erfahren habe.*

Einleitung

Indem Lilith dem Bewusstsein entzogen
und in die Abgründe des Unbewussten verbannt wurde,
unterdrückte man auch die kreative Rastlosigkeit.
Maria Teresa Colonna

Ein Buch über die Transite dient dem Lernenden zum besseren Verständnis des Wesens der betreffenden Planeten und der Aspekte, die sie bilden können. Es darf jedoch keinesfalls als Bibel benutzt werden, welche die absolute Wahrheit enthüllt. Die beschriebenen Situationen und Tendenzen sollen einen Anstoß für das Verstehen geben und die Vorbereitungen angesichts möglicher Auswirkungen erleichtern. Wir dürfen jedoch nie vergessen, dass ein Transit immer in enger Verbindung zur inneren Struktur des Radix-Horoskops stehen muss, um zum Ausdruck zu kommen. Ein Transit hat nie eine für sich isolierte Wirkung, ähnliche Transite oder vergleichbare Aspekte im Geburtshoroskop sind die Voraussetzung für den konkreten Ausdruck einer Thematik.

Diese Regel gilt ganz besonders bei den Transiten von Lilith zu den Radix-Planeten, für deren Wanderung durch die astrologischen Häuser und für die Transite von den langsam laufenden Planeten zur Radix-Stellung von Lilith. Denn die Wirkung des Schwarzen Mondes bekommt mehr Intensität, wenn er Unterstützung durch die langsamen Planeten erfährt. Dies geschieht besonders dann, wenn seine Energie im Geburtshoroskop nicht stark zum Ausdruck kommt. Wenn Lilith z. B. im Grundhoroskop keine dominante Stellung aufweist, sprich keine Aspekte zu den Achsen oder zu den persönlichen Planeten vorweisen kann, so wirken deren Transite nicht sehr intensiv. Wir sollten nie vergessen, dass wir bei Lilith über einen sensitiven Punkt im

Horoskop reden und nicht über einen Planeten oder eines der zwei großen Lichter. Der Schwarze Mond wirkt meistens als Auslöser einer Thematik, die schon im Radix-Horoskop hervorgehoben ist. Dieser Punkt besitzt nicht die Kraft eines traditionellen Planeten und wirkt *stärker* in Verbindung mit anderen wichtigen Platzierungen und Konstellationen im Horoskop. In der klassischen, psychologischen Astrologie wird Lilith als Katalysator für mächtige Auslösungen verstanden. Die Transite dieses kosmischen Faktors konfrontieren uns meistens mit Themen, die in unserem Horoskop von Lilith selbst und von anderen wichtigen planetarischen Bildern angezeigt sind.

Was als Tendenz im Horoskop symbolisch angelegt ist, wird von den Horoskopeignern mit Sicherheit ausgelebt, z. B. wenn Lilith einen Bezug auf eine bestimmte Konstellation aufweist. Nehmen wir als Beispiel das Horoskop einer Frau mit Radix-Mond im 5. Haus mit Spannungswinkel zu Saturn oder Pluto. Diese Winkelverbindung kann auf Komplikationen während der Schwangerschaft hinweisen, die die Sicherheit des ungeborenen Kindes gefährden könnten. Ein Transit des Schwarzen Mondes, der diese Grundkonstellation aktiviert, kann als Auslöser beispielsweise für eine Fehlgeburt verstanden werden. Und wie wir Astrologen immer wieder feststellen, wird ein Schicksalsschlag oder ein Glückserlebnis meistens von mehreren Transiten gemeinsam ausgelöst. In dem oben beschriebenen Fall symbolisiert Lilith den Abbruch der Schwangerschaft. Wenn parallel dazu ein Neptun-Transit zur Sonne das Horoskop beeinflusst, repräsentiert dieser die große Enttäuschung, die die Horoskopeignerin bei diesem Ereignis empfunden hat. Ein gleichzeitiger Pluto-Transit kann auf den Schmerz und die Trauer durch den Verlust hindeuten. Das Zusammenspiel der Transite beschreibt eine Erfahrung in ihrer Gesamtheit. Jede Energie im Horoskop besitzt ihren eigenen Ausdruck, ihre Besonderheit und ihre Symbolik.

Lilith aktiviert wichtige Lebensprozesse, die uns mit der

Thematik der Zerstörung und der Befreiung von unechten Verhaltensweisen konfrontieren. Lilith stellt den ursprünglichsten Teil unserer Persönlichkeit dar, sie verkörpert unsere Authentizität. Durch ihre Transite lässt sie uns unseren wahren Kern erkennen.

Die Legende erzählt, dass Lilith die erste Frau Adams war, die Gott aus dem gleichen Lehm geschaffen hatte, aus dem auch der erste Mann entstanden war. Die erste Frau ist, als ein unabhängiges Wesen, zeitgleich wie Adam erschaffen worden und ist nicht, wie Eva, aus einer Rippe des Mannes entstanden. Von Anfang an war das Zusammenleben dieses ersten Paares von Konflikten gekennzeichnet. Lilith war widerspenstig, sie wollte sich nicht in eine passive Rolle fügen und weigerte sich sogar, beim Liebesakt unter Adam zu liegen. Sie wurde aus dem Paradies vertrieben und durch Eva ersetzt. Die aufbegehrende Frau wurde in die Tiefen des Roten Meeres zu den Dämonen verbannt. Nur nachts entstieg sie dem Meer und beging abscheuliche Taten. Sie erwürgte Neugeborene oder tötete Männer während des Liebesaktes, nachdem sie sie zuvor verführt hatte. Lilith verkörpert die ursprünglichste Form des Weiblichen, sie ist eine archaische Gestalt, die in sich alle archetypischen Variationen der weiblichen Energie birgt. Lilith ist die Geliebte und gleichzeitig die Kriegerin. Sie ist die Mutter, die lieben, aber auch verschlingen kann; sie ist die weise alte Frau und kann sich kurz danach in eine unerfahrene Jungfrau verwandeln. Sie kann ihre erotische Ausstrahlung dazu benutzen, Männer zu verführen und sie in das Reich der Sinne einzuführen, oder aber um sie zu verderben. Bei jeder Gestalt, die sie annimmt, ist sie immer sich selbst. Durch das patriarchale Weltbild hat sich die weibliche Energie verzerrt und aufgespalten. Entweder durfte die Frau ein Engel oder eine Dämonin sein, aber nie wirklich sie selbst, mit all ihren Widersprüchen und Gegensätzen.

In der Astrologie führt das Prinzip des Schwarzen Mondes zur Erkenntnis unseres Wesen. Es führt uns oft mit brüsken Manieren zur Konfrontation mit unseren tiefsten Bedürfnissen, denjenigen, die wir unterdrücken mussten, um uns in einer frauenfeindlichen Gesellschaft anzupassen.

Wenn wir auf den Mythos von Lilith zurückgreifen, wird uns sofort bewusst, dass das, was sich die erste Frau Adams am meisten wünschte, die Freiheit war, sie selbst sein zu dürfen. Sie lebte im Paradies und trotzdem war sie unglücklich, weil ihr der Ausdruck der eigenen Wünsche und Bedürfnisse verweigert wurde. In einer ersten Version des Lilith-Mythos verbannt Gott die unglückliche Lilith, die gewagt hatte, sich gegen den Willen ihres Gefährten aufzulehnen. Aufgrund der Vertreibung aus dem Paradies wurde ihr rebellisches Wesen niederträchtig und böse, in den Tiefen des Roten Meeres vermählte sie sich mit den Dämonen und wurde schließlich selbst zur Dämonin. Aus Verbitterung gewann ihre dunkle Wesensseite die Oberhand.

Es gibt jedoch auch eine andere Version, die aus dem Sohar stammt. Sie entspricht eher der Persönlichkeit der stolzen Lilith. In dieser Version ist Lilith kein Opfer, sie handelt bewusst und wählt die Freiheit. Sie verlässt das Paradies vorsätzlich, wo sie als Frau Adams unverstanden weitergelebt hätte, wenn sie ihr Schicksal nicht selbst in die Hand genommen hätte.

Wir können die Transite von Lilith vielleicht folgendermaßen beschreiben: Es gibt zwei Wege, um sich mit der Energie Liliths auseinander zu setzen. Entweder so wie in der ersten Version des Mythos dargestellt: Anstatt unser Schicksal selbst zu gestalten und Mut und Motivation zu entwickeln, warten wir, bis schockierende Erfahrungen uns erschüttern und zwingen, einen anderen Weg zu wählen. Oder wir verhalten uns wie die Lilith im Sohar und bleiben uns in der Wahl unseres Schicksals treu und *gehen unseren Weg*. In diesem Fall entfalten wir ein ungeheures Kreativpotential, das zur Gestaltung einer authentischeren Realität anspornt.

Es ist nicht leicht, den Weg Liliths einzuschlagen, die meisten von uns fürchten sich vor den Aufgaben, die wir lösen müssen, bevor wir die befreiende Wirkung des Schwarzen Mondes in seinem positiven Einfluss erkennen. Die Konfrontation, die

Lilith von uns fordert, betrifft Themen und Erfahrungen, die mit Angst, Schmerz, Wut, Verweigerung, Abschied und Infragestellen zusammenhängen. Aufgrund dieser Erfahrungen entscheiden wir uns jedoch für Schritte, die für unsere Evolution notwendig sind. Wenn wir sie vermeiden, laufen wir Gefahr, freiwillig in einem illusorischen Paradies gefangen zu bleiben und zu warten, bis etwas Traumatisches uns wieder auf die Erde schleudert.

Wir müssen bei den Transiten des Schwarzen Mondes lernen, auf faule Kompromisse zu verzichten, die bisher unsere lebendigsten Seiten erstickt haben. Wenn wir gelernt haben, Lilith, der Dämonin in uns, zu vertrauen, werden wir die vitalere und anregende Seite unseres Wesens fordern. Eine kreative Energie wird freigesetzt, die uns kaum wieder verlassen wird.

Wenn wir die Kraft finden, uns kämpferisch für unser Leben einzusetzen, wenn wir uns unserer Existenz bewusst werden und dafür Verantwortung übernehmen und gemäß unserem wahren Wesen leben, auch wenn dies viel Kampf und Mühe kostet, dann können wir die helle Seite des Archetyps des Schwarzen Mondes ausleben. Wir sollten lernen, unser Leben in die Hand zu nehmen und selbst zu entscheiden, wie wir leben wollen. Wenn wir gelernt haben, den eigenen Entscheidungen zu trauen und diese akzeptieren, werden wir feststellen können, dass wir sonst niemanden brauchen, weil wir endlich uns selbst gefunden haben. Wir haben gelernt zu unterscheiden, was wir uns selbst wünschen und was andere für gut halten und können beides voneinander trennen. Es wird auch leichter sein, befriedigende Beziehungen zu den Mitmenschen aufzubauen, uns zu binden und Freude an unserem Partner oder den Freunden zu haben, weil solche Bindungen nicht mehr auf gegenseitigen Projektionen basieren.

Es handelt sich also um den Mythos der Erschaffung des ersten Mannes und der ersten Frau und deren konfliktbeladenes Zusammenleben, ihre Verschiedenheit und schließlich ihre Trennung. Deswegen verkörpert Lilith in der Astrologie die Thematik der Mann-Frau-Beziehung mit all ihren Schattierungen. Der Schwarze Mond mit seinen Transiten zu Sonne, zu Mond, zu Venus, zu Mars und zu seiner eigenen Radix-Stellung ruft den Konflikt Lilith/Adam hervor und fordert durch die heftigen Auseinandersetzungen, die wir mit dem gegengeschlechtlichen Partner in dem Zeitraum des Transits erleben, eine neue Definition der Rollen innerhalb einer Partnerschaft. Selbstverständlich gibt es auch in einer homosexuellen Beziehung immer einen dominanteren und einen passiveren Partner; die Konflikte, die aus den Transiten entstehen, berühren die gleiche Problematik wie bei heterosexuellen Beziehungen.

Solange sie nicht mit der jahrtausendealten Tradition brechen, die sie gegeneinander aufhetzt, sie trennt und zu Feinden macht, werden Männer und Frauen die Wirkung des Schwarzen Monds in ihrem Horoskop nur schwer auf produktive Weise leben können. Wenn sie nicht lernen, ihre Unterschiedlichkeit für kreative Impulse zu nutzen, die in ihrer Beziehung zueinander produktive und radikale Veränderungen ermöglichen, wird die Paarbeziehung ein umkämpftes Schlachtfeld bleiben. Die Transite von Lilith versprechen harte Kämpfe, Einsamkeit innerhalb einer Partnerschaft, oft sogar tiefe Brüche als Vorbote für mögliche Veränderungen und neue Gestaltung der Verhältnisse und der Spielregeln.

Die Sexualität ist auch eine sehr wichtige Thematik, die mit Lilith in Zusammenhang steht. Die Befreiung, die Lilith uns anstreben lässt, geschieht auf verschiedenen Ebenen: in sexueller, geistiger und körperlicher Hinsicht. Nicht zu Unrecht wird Lilith am häufigsten mit einer wilden und orgiastischen Sexualität in Verbindung gebracht, wenn wir berücksichtigen, dass wir in diesem Lebensinstinkt seit Jahrhunderten unterdrückt und bestraft worden sind. Die Sexualität, die von Lilith ausgedrückt wird, ist aggressiv und herausfordernd, sie kann mit Macht verwechselt oder als Macht ausgelebt werden. Sie kann uns befreien, initiieren, wie auch gefangen halten und abhängig machen. Durch sie können wir uns im Himmel oder in der Hölle fühlen. Die Sexualität besitzt eine ambivalente Natur, sie kann uns befä-

higen, eine tiefe Bindung zu einem anderen Menschen herzustellen und sie vermag sogar in einer bestehenden Freundschaft
als Bereicherung ausgelebt werden. Aber sie kann auch das Gegenteil bewirken, denn sie kann der Grund dafür sein, dass eine
Beziehung, die auf geistiger und spiritueller Ebene angefangen
hatte, abgebrochen werden muss. Mit der Sexualität sind viele
Ängste verbunden: zum Beispiel die Angst, den Erwartungen
des Partners oder der Partnerin nicht gewachsen zu sein, die
Angst in eine Abhängigkeit zu geraten oder die Furcht vor zu
viele Nähe. Aber was wir am meistens fürchten, ist die Angst
vor Zurückweisung. Aus unterschiedlichen Gründen verlieren
wir die Spontaneität, wenn es um das Ausleben der eigenen
Instinkte geht. Wir fürchten, dass wir durch das Einlassen auf
eine sexuelle Beziehung unsere Autonomie aufgeben müssen.

Oft sind wir noch in alten Mustern gefangen, die Frauen wie
Männer unfrei machen. Einer der großen Irrtümer ist, dass der
Mann immer die Initiative ergreifen müsse, während die Frau
eine passiv abwartende Haltung einzunehmen habe. Anstatt die
sexuelle Initiative zu teilen, zwängen wir uns in Rollen, die
wahrscheinlich nicht zu unserer Persönlichkeit gehören. Es gibt
sensible und progressive Männer, die nach einer anderen Art der
Liebeswerbung streben und es gerne hätten, dass die Frau sich
um sie bemüht und sie erobert – Männer, die nicht immer in der
Rolle des Fordernden sein wollen. Ebenso gibt es Frauen, die
diejenigen auswählen, die ihnen gefallen und selbstbewusst die
Initiative ergreifen möchten. Wir gehen eine sexuelle Beziehung
ein, weil wir ein Verlangen danach verspüren, nicht weil wir
bestimmte Rollen aufrechterhalten müssen. Die Energie Liliths
auszuleben heißt, sich aus dieser Rollen zu befreien und sich so
zu verhalten, wie unsere wahre Natur es fordert. Einige legen
zum Beispiel ein Interesse an der Sexualität an den Tag, das sie
gar nicht wirklich empfinden, nur um als normal zu gelten.
Andere wiederum verbergen aus dem gleichen Grund ihr ge-
steigertes Interesse für die Sexualität. Manche Menschen führen
ein »normal« heterosexuelles Leben, obwohl sie sich eigentlich

zu homosexuellen Beziehungen hingezogen fühlen. Während eines Lilith-Transits kommen wir möglicherweise in Kontakt mit unseren verborgenen Tendenzen und finden den Mut, diese Realität werden zu lassen. Wir sollten nicht vergessen, dass Lilith zwar ein weiblicher Archetypus ist, ihre Energie aber weniger von den Frauen als von den Männern ausgelebt wird. Diese Energie steht jedem zur Verfügung, der die Lust verspürt, etwas zu verändern und den Mut besitzt, es zu tun, auch wenn man dadurch mit Verlusten, Einsamkeit, Ablehnung und Trennung rechnen muss. Der Schwarze Mond verkörpert in unserem Horoskop den Anstoß zu schöpferischem Ungehorsam, zu einem Akt der Rebellion, der uns Freiheit und Bewusstheit ermöglicht.

Lilith steht ferner in Verbindung zu der Thematik der unerfüllten Wünsche. Die Platzierung in den Häusern und die Aspekte des Schwarzen Mondes symbolisieren, was uns fehlt und doch lebensnotwendig ist; was wir selbst gern sein möchten und nicht sein können; was wir begehren und uns gleichzeitig unmöglich ist, es zu bekommen. Wir tendieren dazu, unsere Wünsche auf andere zu projizieren und von ihnen zu erwarten, dass sie unsere innere Leere und unsere Sehnsucht erfüllen. Wir versuchen unseren Mangel zu kompensieren, indem wir unsere ganze Energie einsetzen in der Erwartung, dass unsere Mitmenschen uns glücklich machen und unsere Probleme aufheben. Lilith-Transite konfrontieren uns mit Bereichen im Leben, bei denen wir den Eindruck haben, unvollkommen zu sein. Sie geben uns das Gefühl, an etwas Wichtigem nicht teilnehmen zu können, weil uns die Möglichkeiten dafür geraubt wurden. Wenn Lilith im Geburtshoroskop im Aspekt zu einem Planeten steht, versuchen wir diesen verstärkt zum Ausdruck zu bringen. Nehmen wir an, wir haben Lilith im Aspekt zur Venus und wir fühlen uns nicht attraktiv genug, um unsere Persönlichkeit durchzusetzen. Wir versuchen vielleicht, die Unsicherheit mit Creme, Lippenstift oder Machtausübung zu überspielen und fühlen uns dabei nicht als wir selbst. Wir versuchen, uns zu definieren und entfernen uns von unserer wahren Persönlichkeit. Durch die Gefühle, die uns solche Transite vermitteln, werden wir die Fassade, hinter der wir uns verstellen, nicht mehr brauchen und anstatt zu versuchen, den Mangel zu kompensieren, lernen wir mit ihm umzugehen. Indem wir begreifen, dass wir nicht immerzu vollkommen sein können, befreien wir uns von den großen Erwartungen, die wir an uns und an andere stellen.

Bevor wir uns mit demjenigen Teil des Buchs beschäftigen, der die Auslösungen von Lilith-Transiten beschreibt, möchte ich die Worte der Astrologin Aline Apostolska wiedergeben, die die Natur des Schwarzen Mondes treffend beschreibt:

»In der Auseinandersetzung mit Lilith, mit dem Wesentlichen in uns selbst, im Augenblick einer Bewährungsprobe, einer Trauerzeit, während der Durchquerung der Wüste, allein daheim auf einem Sofa, am tiefsten Punkt der Depression, von den Engeln im Stich gelassen und vom Unumgänglichen dahingerissen, treffen wir genau auf den Kern des Unfassbaren, auf das, was es für uns selbst bedeutet.« (Invocare Lilith…invocare l'Assoluto – pronunciare il nome vietato dell'ineffabile. *Linguaggio Astrale* Nr. 93, 1994, S. 149).

Lilith im Transit durch die Häuser

Lilith-Transite durch die astrologischen Felder
üben eine stärkere Auswirkung aus,
wenn sich Radix-Planeten in den Häusern befinden.

Lilith im Transit im 1. Haus

Wenn Lilith das 1. Haus durchquert, fängt für uns eine neue existentielle Phase an. Zu Beginn dieses Zeitraums wird uns bewusst, dass es in unserem Leben einige überholte, althergebrachte Verhaltensweisen gibt, die für unsere weitere Entwicklung nicht mehr von Wichtigkeit sind. Immer stärker werden wir das Bedürfnis und die Notwendigkeit verspüren, unsere eigene Persönlichkeit zu verändern oder zumindest versuchen, sie zu modifizieren. Die Zeit ist reif, um unseren persönlichen Ausdruck authentischer zu gestalten.

Es ist möglich, dass es in der Zeit, als Lilith noch im 12. Haus stand, in unserer Existenz zu Brüchen im Privatleben oder im Berufsleben gekommen ist, deren harte Auswirkungen uns noch bedrücken. Jetzt wird uns zunehmend klar, dass diese Geschehnisse für unsere innere Weiterentwicklung notwendig waren. Nur auf diese Weise ist es uns möglich, authentischer zu leben und wir können auf Kompromisse verzichten, die bisher unsere lebendigste Seite erstickt haben. Wir müssen zwar einen hohen Preis dafür zahlen, doch er ist nicht umsonst entrichtet worden, denn dank dieser vergangenen Erfahrungen können wir unser wahres Wesen kennen lernen und entfalten. Während des Transits von Lilith im 1. Haus wird die Maske endlich fallen, die unser Gesicht seit langem verborgen hielt.

Allerlei verdrängte oder seit langem vernachlässigte Gefühle kommen jetzt wieder ans Licht, und möglicherweise müssen wir uns mit dem ungestümen, widerspenstigen und widersprüchlichen Teil unserer Persönlichkeit konfrontieren, was uns zunächst Furcht einflößen könnte. Gleichzeitig werden wir feststellen, wie in uns eine mächtige Energie freigesetzt wird, die auf nichts anderes wartet, als in geeigneter Art und Weise eingesetzt werden zu können.

Kreative Energie wird bei dem Transit von Lilith im 1. Haus freigesetzt, die ernst genommen werden möchte. Wenn wir uns schon mit schöpferischer Arbeit beschäftigen, werden wir unter dem Einfluss des Transites auf vollkommen neue Formen der Kreativität stoßen. Wir werden uns sehr stark von ihnen angezogen fühlen und der Wunsch, all jene Bilder und Formen gestalterisch zum Ausdruck zu bringen, die sich in unserer Seele befinden, wird uns drängen, künstlerisch aktiv zu werden. Die Resultate dieser Arbeiten können mit ihrer Suggestionskraft beunruhigend wirken, doch wir sollten uns auf keinen Fall davor fürchten, die bislang unbekannte, dafür vitalere und anregende Seite unseres Wesens zu akzeptieren.

Mit Lilith als Transit im 1. Haus können wir die Lust verspüren, unser Aussehen zu verändern. Der neue Look wird die persönliche Note betonen und uns mehr Ausstrahlung verleihen.

Weitere Transite, die derzeit unser Geburtsbild beeinflussen könnten und die Wirkung des Schwarzen Mondes im 1. Haus verstärken, können Uranus-Transite sowie Pluto-Transite in Verbindung mit dem AC sein, in dem betreffenden Jahr Pluto oder Uranus am AC im Solarhoroskop.

Lilith im Transit im 2. Haus

In der Zeit, in der Lilith unser 2. Haus transitiert, kann uns unsere Einstellung zu Geld und den materiellen Dingen des Lebens als äußerst zwiespältig vorkommen. Einerseits haben wir das dringende Bedürfnis, genug zu verdienen, um uns durch rein wirtschaftliche Unabhängigkeit frei zu fühlen; auf der anderen Seite jedoch laufen wir dabei Gefahr, zum Sklaven einer allzu großen materiellen Sicherheit zu werden. In dieser Phase verzichten wir nicht gern auf etwas, das uns Gewinn einbringen könnte. Falls sich bei uns jedoch die Gier nach Geld und Besitz bis zur Besessenheit steigert, dann ist der Zeitpunkt gekommen, sich ehrlich zu fragen, was eigentlich dahintersteckt. In diesem Fall könnten Geld und Besitz in unserem Leben die Funktion haben, einen tief gehenden Mangel oder ein schwach ausgeprägtes Selbstbewusstsein zu kompensieren. Wenn in unserer Werteskala materiellen Dingen oder Geld eine größere Bedeutung als persönlichen Begabungen und echten Fähigkeiten zugeordnet wird, riskieren wir es, zum Opfer unserer Neurose zu werden. Jeder berufliche oder materielle Misserfolg kann dann zu tiefen Depressionen führen. In diesem Fall ist es notwendig, sich mit den wirklichen Ursachen der aus Besitzgier herrührenden emotionalen Spannungen auseinander zu setzen.

Wenn wir uns als Mensch mit unseren Besitztümern identifizieren und so all jene Eigenschaften vernachlässigen, die eine innere reiche Persönlichkeit ausmachen, ist es nicht ausgeschlossen, dass wir mit dem, was wir besitzen, immer unzufriedener werden und dennoch nach mehr streben, ohne zu einer beständigen Erfüllung zu gelangen. Unter dem Einfluss von Lilith im 2. Haus ist es notwendig – wenn wir materiellen Werten zu viel Bedeutung beimessen –, den richtigen Blick für die Dinge zurückzugewinnen und den Stellenwert neu zu bestimmen, den Geld und sonstige Besitztümer in unserer persönlichen Werteskala einnehmen. Eine angemessene Neubewertung von Sein und Haben kann uns dabei helfen, das Gefühl der Leere oder des Mangels, das wir zu kompensieren versuchen, genauer zu begreifen. Unsere positiven Eigenschaften zu erkennen und sie neu schätzen zu lernen, ist eine der Aufgaben, die uns gestellt werden, wenn der Schwarze Mond unser 2. Haus besucht.

Als Lilith sich 1980 in meinem Radixhoroskop im 2. Haus befand, habe ich das Singen entdeckt. Zusammen mit einem Freund aus Italien habe ich alte Volkslieder aus der Toskana gesammelt und, nach langem Zögern, haben wir uns getraut, öffentlich als Duo aufzutreten. Wir haben überall gesungen, wo wir eingeladen wurden, ohne materiellen Gewinn zu erzielen, meistens wurden wir mit einer guten Mahlzeit belohnt. Mit der Entdeckung meiner Stimme sind damals viele Gefühle und Emotionen aus der Tiefe meiner Seele hochgestiegen. Ich war früher ein bißchen schüchtern und verklemmt, das Singen erlebte ich dann wie eine seelische Befreiung. Gleichzeitig transitierten Jupiter (Entfaltung) und Uranus (Befreiung) mein 2. Haus, Lilith verstärkte ihre Wirkung.

Ein weiteres Thema dieses Transits ist die Verknüpfung von Liebe und Geld. Versuchen wir uns davon zu distanzieren, Geld als ein Mittel zu betrachten, das es uns ermöglicht, von anderen Menschen Liebe und Zuneigung zu erheischen. Kostspielige Geschenke oder finanzielle Zuwendungen dürfen niemals dazu dienen, das zu kaufen, was nicht käuflich sein sollte: die Liebe. Doch auch die Vorstellung, für eigene Gaben etwas als Gegenleistung bekommen zu müssen, könnte in eine nahezu unausweichliche widerwärtige Abhängigkeit führen.

Eine Klientin mit Radix-Pluto im 2. Haus träumte oft, als Lilith dieses Feld transitierte, dass sie von einer bösen Tante gezwungen wurde, ihren Körper in einem Freudenhaus an Fremde zu verkaufen. Im Traum spürte sie eine starke Abneigung gegenüber dieser unfreiwilligen Arbeit und eine tiefe Depression. In ihrer Ursprungsfamilie wurde ihr von Kindheit an immer wieder vermittelt, dass Geld alle anderen Werte ersetzt. Geschenke bekam man nicht bei den Geburtstagen, sondern als Belohnung für gute Leistungen.

Weitere Konstellationen, die die bereits besprochene Wirkung des Schwarzen Mondes im 2. Haus verstärken, sind der Transit von Pluto zu dem Herrscher des 2. Radix-Hauses oder Pluto als Transit im 2. Haus. Wenn materielle Werte einem mangelndem Selbstwertgefühl als Kompensation dienen, können auch Saturn-Transite im 2. Haus eine ähnliche Bedeutung wie Lilith-Transite in diesem Feld haben.

Lilith im Transit im 3. Haus

Mit dem Transit des Schwarzen Mondes im 3. Haus können wir mit Bedauern feststellen, dass die anderen uns nicht wirklich verstehen. Es könnte sich um eine Phase handeln, in der die Verständigung und der Austausch mit unseren Mitmenschen nicht so funktioniert, wie wir es uns eigentlich gerne wünschen würden. Dabei ist es egal, ob wir eine bestimmte Situation zu klären versuchen oder unsere Meinung vertreten möchten, wir werden feststellen, wie schwierig es in dieser Zeit für uns ist, einen wirklichen Dialog zu beginnen. Das soll nicht bedeuten, dass wir nicht unser Bestes versuchen, aber das Gefühl, nicht verstanden zu werden, begleitet uns, was immer wir auch zur Klärung beitragen.

Aus diesem Grund könnten wir uns entscheiden, einfach zu schweigen und eine Mauer zwischen uns und den anderen zu errichten. Was aber bei Lilith-Transiten nicht empfehlenswert ist, sind unterdrückte Wut und Enttäuschung in uns zu tragen, ohne einen Ausdruck für sie zu finden. Wie der Planet Pluto erträgt auch Lilith keine Verdrängungen, ihre »Rache« könnte für uns gefährlich werden. Krankheiten und Depressionen könnten ausbrechen. Deswegen sollten wir vielleicht versuchen, sämtliche Empfindungen, die wir nicht auszudrücken vermögen, niederzuschreiben. Es könnte sein, dass wir schon beim Beschreiben der Hölle, die wir in unserem Innern tragen, eine Erleichterung verspüren. Auf diese Weise wird unsere Seele von unerträglichen Spannungen befreit. Andererseits jedoch kann es auch sein, dass die Menschen, mit denen wir uns gerade in einem Spannungsverhältnis befinden, sich uns gegenüber so verhalten wie gerade beschrieben und wir diejenigen sind, die hilflos vor einer Mauer des Schweigens stehen.

Da das 3. Haus den Geschwistern zugeordnet wird, werden die Transite von den langsamen Planeten und von Lilith das Verhältnis mit unseren Geschwistern beeinflussen. Falls unsere Beziehung zu ihnen nicht zum Besten gestanden sein sollte, so ist während der Zeit, in der Lilith das 3. Haus transitiert, sogar eine weitere Verschlechterung möglich. Die alten Probleme und die alten Rivalitäten können sich noch mehr zuspitzen und zu heftigen Auseinandersetzungen führen. Doch werden diese Konflikte möglicherweise nicht offen ausgetragen; vielmehr sind Schläge unter der Gürtellinie zu erwarten. Das Bedürfnis, alte Geschichten und Kindheitstraumata zu verarbeiten, die mit unseren Geschwistern zusammenhängen, könnte die Unterstützung eines Therapeuten notwendig machen. Unbewusstes, das aus Kindheitstraumata resultiert, aus erlittener Gewalt oder aus Boshaftigkeit seitens eines Geschwisterteils, könnte uns schwer zu schaffen machen. Während dieser Zeit könnte die Erinnerung an so manches schmerzhafte Ereignis in der Kindheit alte Wunden, die nie ganz verheilt waren, wieder öffnen.

Falls wir in unserer Vergangenheit seelisch darunter gelitten haben sollten, dass unser Bruder oder unsere Schwester uns vorgezogen wurde, dann können die damals zugefügten Schmerzen unter dem Lilith-Transit wieder aufflammen. Die Gefühle, wenn sie sich unter dem Einfluss des Schwarzen Mondes befinden, ähneln der Gewalt der Wassermassen, die einen Staudamm zum Bersten bringen: Sie überfluten unsere gesamte Existenz. Deswegen ist es sehr wichtig – falls wir die alte Problematik noch nicht therapeutisch bearbeitet haben –, die Hilfe eines kompetenten Beraters in Betracht zu ziehen. Wir werden feststellen müssen, dass uns keine andere Wahl bleibt, als diesem Problem entgegenzutreten, so qualvoll dies auch sein mag. Der einzige Ausweg besteht darin, allen Mut zusammenzunehmen und durch dieses tiefe Tal hindurchzugehen. Nur auf diese Weise wird es uns gelingen, uns dem alten Schmerz zu stellen und ihn schließlich zu heilen. Der Transit Liliths im 3. Haus wird uns mit dieser Problematik konfrontieren, wenn im

Radix-Horoskop Konstellationen in diesem Bereich vorhanden sind, die mit der Geschwisterthematik zusammenhängen. Eine Klientin hat ihren Mond im 3. Haus in der Jungfrau in Opposition zu Chiron in den Fischen. Als der Vater starb, wurde sie bei der Erbschaft auf offensichtliche Weise benachteiligt. Der Transit von Lilith auf ihrem Mond ließ wieder die schmerzhaften Gefühle der Kindheit aufsteigen, als sie sich nicht als Lieblingstochter der Eltern fühlte, was sie in einen depressiven Zustand versetzte.

Eine weitere Auswirkung des Transits ist die mögliche Entwicklung von neuen intellektuellen Interessen. Vorausgesetzt, dass wir einen starken Wunsch zur Selbstanalyse verspüren, könnten wir jetzt damit beginnen, uns intensiv mit Psychologie, Astrologie oder Ähnlichem zu beschäftigen, sofern wir dies nicht ohnehin schon längst tun. Ein weiteres Thema, das uns durch die Wirkung Liliths sehr stark beschäftigen könnte, ist das problematische Verhältnis der beiden Geschlechter zueinander. Die Entdeckung der Mechanismen, die Mann und Frau ständig gegeneinander aufreiben, könnte derzeit auf uns eine starke Faszination ausüben. Auch eine gewisse Neugier auf erotische Literatur kann in dieser Phase zum Vorschein kommen.

Falls wir es in unserer Jugendzeit nicht geschafft haben, einen akademischen Titel zu erwerben, falls es in unserer Ausbildung Lücken gibt, falls wir aus familiären, gesundheitlichen oder materiellen Gründen die Schule vorzeitig beenden mussten, so könnte es sein, dass wir dies nun bereuen. Es ist durchaus möglich, dass wir in Situationen geraten, die in uns ein Gefühl der Verlegenheit oder der Unsicherheit hervorrufen, begleitet von einem großen Bedauern über das, was hätte sein können, aber nicht möglich gewesen ist. Wir könnten den Wunsch verspüren, ein Studium zu beginnen oder unsere Wissenslücken zu füllen, wobei es passieren kann, dass wir wie besessen den Umfang unserer Lektüre verdoppeln. Wir sollten unter diesem Transit nicht mit allen Mitteln versuchen, die Versäumnisse unserer

Vergangenheit auszugleichen und, möglicherweise, diese Entwicklung zur Neurose ausarten zu lassen. Wir sollten uns vielmehr dahingehend bemühen, unser Bedürfnis nach Bildung als etwas Bereicherndes anzuerkennen, nicht jedoch nur als Kompensation für verpasste Gelegenheiten.

Die gerade beschriebenen Auswirkungen können von Chiron oder Saturn-Transiten im 3. Haus oder durch die Herrscher des 3. Hauses verstärkt werden sowie von den Transiten der genannten Planeten zu Radix-Merkur.

Lilith im Transit im 4. Haus

Die Beziehung zur Familie, aus der wir stammen, und zu unserem Heimatort wird uns sehr beschäftigen, während Lilith das 4. Haus durchläuft. Familiengeheimnisse können ohne Absicht von unserer Seite aufgedeckt werden. Der Fall einer Frau aus meinem Bekanntenkreis ist ein geeignetes Beispiel für die Auswirkung des Schwarzen Mondes in diesem astrologischen Bereich. Als sie 1949 14 Jahre alt war, lag sie wegen einer Blinddarmoperation im Krankenhaus. Ein älteres unbekanntes Mädchen kam zu ihr ans Bett und erzählte ihr, sie sei ihre Schwester. Dies entsprach tatsächlich der Wahrheit. Der Vater hatte ein außereheliches Verhältnis, aus dem die uneheliche Tochter hervorgegangen war. Die Mutter meiner Bekannten wusste über das Geschehnis und über die Vaterschaft ihres Mannes Bescheid, nur die Kinder des Paares waren ahnungslos. Der IC fällt im Horoskop der ehelichen Tochter in die Fische. 1949 transitierte Lilith über die Spitze des 4. Feldes. Neptun (Geheimnisse) in Transit, der Herrscher des IC, stand in Konjunktion zu Merkur-Radix (Geschwister) in der Waage.

Während sich Lilith im Transit im 4. Haus befindet, wird sich die Beziehung zur eigenen Ursprungsfamilie und zum Heimatort eher zwiespältig entwickeln. Es ist möglich, dass wir ein drängendes Bedürfnis verspüren, uns von der eigenen

Vergangenheit zu distanzieren, so dass wir – sofern es nicht schon geschehen ist – endlich die Nabelschnur durchtrennen, die bislang eine freie Entwicklung verhindert hat. Es wächst in uns nun das Verlangen nach Rebellion und Eigenständigkeit, besonders wenn die Bindung an unsere Ursprungsfamilie der Grund unserer Ohnmacht oder Unterdrückung war. Dabei können die Gründe, die einer Distanzierung von unseren Eltern bis zum heutigen Tage entgegengestanden haben, unterschiedlicher Natur sein: fehlende finanzielle Unabhängigkeit; ein Elternteil, der unaufhörliche Betreuung durch seine Kinder benötigt; ein besonders schwieriges familiäres Umfeld, dessen zerstörerische Einflüsse es unserer Psyche von klein auf untersagt haben, uns wirklich zu entwickeln und selbstständig zu werden.

Es gibt in der Astrologie eine Kontroverse darüber, ob das 4. Haus dem Vater oder der Mutter zuzuordnen ist. Ich selbst habe die Erfahrung gemacht, dass sowohl das eine als auch das andere zutreffen kann. Deswegen kann die Ursache unserer Ohnmacht in der Beziehung zu einem der Eltern oder zu beiden zu suchen sein. Ein Vater, der unsere sämtlichen Befreiungsversuche im Keim erstickt hat, der sich als Tyrann gegenüber der ganzen Familie verhalten hat; oder eine Mutter, die als Opfer überkommener familiärer Strukturen niemals aus der Küche und aus dem Kinderzimmer herausgekommen ist und uns ein Gefühl der Ohnmacht eingepflanzt hat. Unter dem Transit Liliths im 4. Haus ist der Augenblick gekommen, der psychischen Abhängigkeit ein Ende zu bereiten. Es hat eine Zeit begonnen, in der das Streben nach Befreiung bis ins Extrem gesteigert wird. Sollten wir während dieser Phase in einen depressiven Zustand geraten, so ist dieser aus der Angst zu erklären, die unseren Mut und unsere Entschlossenheit schwächt. Durch eine derartige Depression versucht die unbewusste Seite unserer Persönlichkeit uns zu bremsen, weil wir uns vor allzu großen Veränderungen fürchten. Da die Umgestaltung jedoch schon in vollem Gange ist, werden unser Widerstand gegen diese bedrückenden Gefühle und unsere Entschlossenheit letzten Endes den Sieg davontragen.

Kontrolliertes, vernünftiges Handeln wird während des Lilith-Transits im Bereich der Seele und der tiefen Emotionen (4. Haus) jedoch kaum möglich sein. Ein eventueller Bruch mit unserer Ursprungsfamilie könnte heftige Stürme auslösen. All unsere Gefühle und unsere lang unterdrückte Wut könnten schließlich zur Explosion führen und einer eher friedvollen Distanzierung entgegenwirken.

Ich empfinde die Transite des Schwarzen Mondes im 4. Haus als die schmerzhaftesten von allen, denn die Erfahrungen, die in diesem astrologischen Bereich eingespeichert sind, berühren die tiefsten Schichten unserer Seele. Dort befinden sich noch alle unsere Enttäuschungen, unsere leidvollen Erinnerungen an früher, an die Zeit, als wir klein und sehr verletzlich waren. Die Transite von Lilith im 4. Feld können uns erschüttern oder erschrecken, besonders wenn der Schwarze Mond einen Pluto-Transit, der schon im Gange ist, mit seiner Wirkung unterstützt. Wir werden uns gezwungen fühlen, uns den gesamten Problemen zu stellen, die wir seit der Kindheit mit uns herumschleppen. Allein schon durch die Konfrontation mit ihnen werden wir uns in einer zweiten Phase davon befreien können. Im Zeitraum des Transites kann es passieren, dass die während unserer Kindheit erlittenen Traumata wieder ins Bewusstsein gelangen und unsere Psyche und unsere seelische Energie in Anspruch nehmen werden. Aber auch wenn der Schmerz und die Trauer, die bestimmte Erinnerungen hervorrufen, unerträglich werden sollten, ist die Auseinandersetzung mit ihnen unausweichlich. Vielleicht werden wir in dieser Zeit das Bedürfnis hegen, uns einer Psychotherapie zu unterziehen, die uns bei unserer seelischen Arbeit hilfreich begleitet. Sollte jedoch eine derartige Therapie bereits vor einiger Zeit begonnen worden sein, ist es jetzt möglich, tiefer zu graben und die Schlüsselprobleme anzugehen, die bei uns in der Vergangenheit Furcht, Leid oder Enttäuschung verursacht haben. Ein tief greifender psychischer

Wandel wird eintreten, sobald wir von unserem Leidensdruck befreit sind und endlich die Wut freigelassen haben, die seit unserer Kindheit wie ein böses Gift unter der Haut gewirkt hat.

Das 4. Haus symbolisiert auch die Zeit, in der wir in den Ruhestand gehen. Falls wir schon älter sind, ist jetzt vielleicht der geeignete Augenblick gekommen, um in Rente zu gehen. Ein Gefühl der Leere sowie Angstzustände könnten jedoch die Folge sein. Dieses neue Leben ohne jegliche Pflichten und Aufgaben kann uns sogar sinnlos vorkommen. Lassen wir uns nicht entmutigen, denn diese Furcht rührt von all dem Unbekannten her, das neue Lebensverhältnisse grundsätzlich mit sich bringen. Wenn wir dieses verwirrende Gefühl erst einmal überwunden haben, werden wir die Leere in unserem Innern wieder ausfüllen können. Wir beginnen, von dem großen Maß an Handlungsfreiheit, das uns zur Verfügung steht, zu profitieren und können neuen Interessen nachgehen.

Konstellationen, die bei diesem Prozess beteiligt sein können, sind die schon erwähnten Pluto-Transite: Pluto im Aspekt zur Sonne, zum Mond oder zum AC; Pluto im Transit im 4. Haus oder im Aspekt zu den Herrschern des 4. Radix-Hauses.

Lilith im Transit im 5. Haus

Da das 5. Haus den Bereich der Sexualität und der Liebesspiele darstellt, und Lilith eine mächtige sexuelle Komponente in sich trägt, intensiviert ihre Auswirkung in diesem Feld unsere erotischen Empfindungen. Falls der Sex zur bloßen Gewohnheit geworden ist und sich deswegen das sexuelle Verlangen abgeschwächt hat, so wird in dieser Phase die Libido wieder erwachen. Der Wunsch, gemeinsam mit dem Partner oder der Partnerin verbotene, reizvolle Gefühle wieder zu entdecken, erweckt in uns das Bedürfnis, den von uns geliebten Menschen erneut zu verführen und ihn/sie in erotische Spiele zu verwickeln, die alle bisherigen Schranken durchbrechen. Das Verlangen, unsere verborgensten erotischen Phantasien auszuleben, sie unseren Geliebten zu offenbaren, sie/ihn mit neuen Empfindungen vertraut zu machen und gemeinsam wieder all jene Genüsse zu ergründen, die sich durch die tägliche Routine mehr und mehr verflüchtigt haben, steigert unser Begehren.

Unter dem Einfluss des Schwarzen Mondes im 5. Haus wird es für uns keinesfalls leicht sein, die Frustrationen zu ertragen, die sich ergeben können, wenn unsere Lebensgefährten sich weigern sollten oder keine richtige Lust empfinden, uns auf unserer Reise durch die Welt der erotischen Sinnesfreuden zu begleiten. In diesem Fall könnten wir uns innerlich dazu gedrängt fühlen, Erfahrungen auf dem Gebiet verbotener erotischer Abenteuer zu machen. Und wir werden wahrscheinlich danach streben, diese Genüsse bei anderen Menschen zu suchen. Da Lilith uns innerlich für feurige Begegnungen empfänglich macht, ist es nicht auszuschließen, dass wir in diesem Zeitraum einem Menschen begegnen, der uns auf fatale Weise anzieht. Was daraus entstehen kann, ist nicht gerade eine unkomplizierte Beziehung, die zwar zweifellos äußerst leidenschaftlich verlaufen, doch vermutlich voller Hindernisse und schwierig in der Öffentlichkeit zu leben sein wird. Die betreffende Person könnte bereits gebunden sein oder kein Interesse an einem ernsthaften, dauerhaften Verhältnis zeigen. Wer von uns der Typ ist, dem es grundsätzlich nicht gelingt, auf Distanz zu gehen, für den wäre es am Besten, sich von einer solchen Affäre fern zu halten, denn eine derartige Beziehung verspricht viele emotionale Komplikationen. Eine weitere Gefahr, die dieser Transit herbeiführen könnte, liegt darin, in emotional-sexuelle Abhängigkeit zu geraten und unterjocht zu werden. Pluto im Aspekt zu Venus oder Venus in Skorpion in unserem Radix-Horoskop lassen uns dazu tendieren, unbewusst schwierige emotionale und erotische Verbindungen »auszusuchen«; der Transit von Lilith im 5. Haus kann uns zu einer solchen Begegnung führen.

Auch die Beziehung zu den eigenen Kindern kann während dieses Transits schwierig sein. Falls diese sich noch in der Pubertät befinden sollten, könnte ihr Auflehnungsbedürfnis ständige Konflikte mit sich bringen. Ihr Benehmen könnte solch extreme Formen annehmen, dass wir uns zu einer massiven Gegenwehr gezwungen sehen. Da das Verhalten unserer Kinder gerade darauf abzielt, aggressive Reaktionen in uns zu wecken, wird es uns nahezu unmöglich sein, unsere Wut im Zaum zu halten und uns nicht provozieren zu lassen. Die Töchter werden fieberhaft versuchen, sich von dem weiblichen Ideal zu befreien, das ihnen ihre Mutter vorlebt. Es könnte sein, dass unsere Tochter – wenn wir weibliche Personen sind – uns heftig zu kritisieren beginnt, was immer wir auch tun werden. Diese unberechtigte Kritik wird uns sehr verletzen, wir dürfen dabei jedoch nicht vergessen, dass die Zeit der Pubertät für unsere Tochter von grundlegender Bedeutung für die Entwicklung einer weiblichen Identität ist. Es wäre falsch, wenn wir versuchen würden, mit ihr zu rivalisieren. Wir sollten vielmehr versuchen, sie ihre Empfindungen ausleben zu lassen und sie in ihrem Vertrauen in sich selbst zu bestärken.

Die Söhne werden es in dieser Phase auf eine unangenehme Konfrontation mit der männlichen Erziehungsperson anlegen. Daher sollten die Väter alles unternehmen, um bereits bestehenden Rivalitäten keine weitere Nahrung zu geben. Sie sollten ihren Söhnen helfen, erwachsen zu werden, ohne sich selbst ständig als der Stärkere aufzuführen.

Lilith wirkt in der Beziehung zu Kindern, bei deren Versuchen, sich von den Eltern zu distanzieren, wie Uranus im Transit im 5. Haus oder über die Herrscher dieses Feldes.

Was ich immer wieder festgestellt habe: Die Fruchtbarkeit wird vom Transit Liliths im 5. Haus nicht positiv beeinflusst. Lilith war in der Mythologie nicht gerade ein Symbol von Mütterlichkeit. Vor einigen Jahren versuchte eine Klientin ein Baby durch künstliche Befruchtung zu bekommen. Sie unternahm ihre ersten beiden Versuche, als der Schwarze Mond ihr 5. Feld transitierte. Beide Male ergab sich keine Schwangerschaft. Erst einige Monate später, bei ihrem dritten Versuch, wurde sie schließlich schwanger, und zwar, als Lilith dieses Haus verlassen hatte.

Auch die Auswirkungen auf die weibliche Gesundheit sind manchmal unter diesem Transit nicht günstig, Komplikationen im Intimbereich können auftreten. Falls wir längere Zeit nicht mehr untersucht worden sein sollten, dürfen wir dies nicht noch weiter hinauszögern. Auch wenn sich dieser Transit nicht immer in Störungen oder Krankheiten niederschlägt (dafür muss eine Prädisposition im Radix-Horoskop vorhanden sein oder Fälle bei anderen Frauen der Familie, die Störungen im Intimbereich vorzuweisen haben), ist es aus Gründen der Vorsorge ratsam, gynäkologische Routineuntersuchungen nicht zu vernachlässigen. Da Lilith auch bei Männern gewisse Störungen der Geschlechtsorgane nicht ausschließt, sollte bei ihnen während des Transits eine urologische Kontrolluntersuchung nicht vergessen werden. Es besteht allerdings kein Grund zur Beunruhigung, da es nicht immer zu wirklichen Krankheitserscheinungen kommen muss. Vor allem für Männer und Frauen über 40 sind regelmäßige Vorsorgeuntersuchungen ein Muss.

Bei dem Transit von Lilith in diesem astrologischen Bereich habe ich schon häufig festgestellt, dass eine Abtreibung die Folge einer ungewollten Schwangerschaft war. So hatte ich zwei Klientinnen, die sich während eines Lilith-Transits im 5. Haus zu einem Abbruch entschieden. Bei einer dieser Frauen stand der Schwarze Mond in Konjunktion zur Radix-Venus.

Für diejenigen, die gerne auf Risiko spielen, ist diese Zeit während des Transits nicht sonderlich günstig. Die Wahrscheinlichkeit, Spielschulden zu machen, ist äußerst hoch. Der verstorbene italienische Regisseur und Schauspieler Vittorio De Sica hatte Lilith in seinem Radix-Horoskop im 5. Haus. Mit seinen Filmen, in denen Stars wie Sophia Loren, Gina Lollobrigida und Marcello Mastroianni die Hauptrollen spielten, war er sehr erfolgreich. Er war jedoch ein leidenschaftlicher Casinobesucher und seine Spielschulden brachten ihn fast bis an den Ruin. Für all jene, die sich gerne künstlerisch ausleben, verläuft dieser Zeitraum dagegen glücklich und konstruktiv. Falls eine unserer Gaben Kreativität heißt, werden wir das dringliche Bedürfnis verspüren, unser Innenleben durch schöpferische Arbeit zum Ausdruck zu bringen. Neue Ideen können in uns wachsen und werden uns antreiben, uns in neuen künstlerischen Schaffensformen zu versuchen. Auch diejenigen von uns, die nicht über künstlerische Fähigkeiten verfügen, werden sich von der Kunst im Allgemeinen angezogen fühlen. Insbesondere die erotische Kunst kann unter diesem Transit für uns an Faszination gewinnen. Pluto-Transite zur Venus oder zur Sonne erwecken in uns, wie Lilith im 5. Haus, das Bedürfnis, sich kreativ auszudrücken.

Lilith im Transit im 6. Haus

Das 6. Haus ist in der klassischen Astrologie der Bereich des Alltags. Arbeit und Haushaltsführung gehören dazu. Lilith, die Rebellin, passt mit ihrem Wesen nicht zu einer Art Arbeit, die Anpassung an die Routine erfordert. Wenn der Schwarze Mond das 6. Haus transitiert, werden wir eine Zeit durchmachen, in der uns das tägliche Einerlei gründlich auf die Nerven geht. Was uns am meisten zu schaffen macht, ist der Umstand, dass wir uns nicht von all den Pflichten und Ärgernissen befreien können, die unsere sich ständig wiederholende Arbeit mit sich bringt. Falls die tägliche Sklaverei mittlerweile dermaßen unerträglich geworden ist, kann sich dies sogar nachteilig auf unsere Gesundheit auswirken. Sollten wir ein Mensch sein, der in der Regel psychosomatisch reagiert, können in der Zeit des Transites derartige Reaktionen häufig auftreten und sehr lästig werden. Wenn wir persönliche Planeten im 6. Radix-Haus haben, hat die Opferbereitschaft, die uns vielleicht bisher dabei geholfen hat, unsere alltägliche Situation zu meistern, einer Abneigung gegenüber unseren Alltagspflichten Platz gemacht, welche von Tag zu Tag zunimmt. Falls wir das Leben einer Hausfrau führen, werden wir während dieses Zeitraums äußerst frustriert sein und ein Minderwertigkeitsgefühl gegenüber anderen Frauen entwickeln, denen es gelungen ist, aus ihrem Familienalltag auszubrechen. Was ich jetzt gerade beschrieben habe, muss nicht unbedingt nur für Frauen gelten. Als mein Sohn klein war und ich mit ihm eine Kindergruppe besuchte, lernte ich einen Mann kennen, der täglich mit seinen drei Kindern dorthin kam. Er hatte auf seinen Beruf verzichtet, weil seine Frau besser verdiente als er. Das Ehepaar hatte sich deswegen dafür entschieden, dass der Mann als Hausmann für die Erziehung der Kindern zuständig sein sollte. Es gibt Männer, die ausgesprochen begeistert sind, sich als Hausmänner eine Zeit lang zu beschäftigen. Auf meinen Bekannten traf dies allerdings keinesfalls zu. Er wurde depressiv und neurotisch, genau wie viele Frauen, die gezwungen sind, nur als Mutter und Hausfrau beschäftigt zu sein. Als der Schwarze Mond sein 6. Haus überquerte, bekam er sämtliche Kinderkrankheiten. Er wurde für jeden Infekt anfällig, und jedesmal, sobald eines seiner Kinder krank wurde, wurde auch er krank.

Mit Lilith im 6. Haus als Radix-Konstellation oder als Transit-Konstellation kommt es uns vor, als ob die Hausarbeit jeden anderen Lebensimpuls unterdrücken würde. Der Transit könnte den Wunsch, dieser Situation zu entfliehen, in den Vordergrund stellen. Wahrscheinlich werden unsere Familienangehörigen auf unseren Wunsch nach Emanzipation und auf das Streben nach einer befriedigenderen Beschäftigung ablehnend reagieren. Wenn dies der Fall ist, wird unsere Reaktion nicht ohne Zorn und Auflehnung sein. Unter allen Transiten von Lilith wird unsere rebellische Seite angesprochen, wir lassen uns nicht mehr länger beeinflussen und wir werden es leid, ständig Schuldgefühle eingeimpft zu bekommen. Wenn Lilith als Transit unser Geburtsbild beeinflusst, empfinden wir es als unser gutes Recht zu kämpfen, um uns unseren privaten Freiraum zu schaffen. Wenn es uns gelingt, dieses Recht durchzusetzen, werden wir einiges erreichen. Bei Lilith-Transiten ist es für unser Wohlbefinden wichtig, dass wir unsere Wut und unseren Widerstandsgeist nicht unterdrücken. Falls wir jedoch dieses absolute Bedürfnis nach einem Freiraum zur Verwirklichung unserer Persönlichkeit wieder unbeachtet lassen sollten, könnte sich dies negativ auf unsere körperliche und seelische Gesundheit auswirken. Das geschieht besonders dann, wenn der Schwarze Mond im Transit im 6. Haus unsere persönlichen Planeten beeinflusst. Die bis dahin besprochene Auswirkung ist ähnlich, als ob Uranus im 6. Radix-Haus transitiert oder Radix-Mond oder Radix-Sonne aspektiert.

Eine weitere Folge dieses Transits liegt in dem Verlangen, aus der Herde auszubrechen, das Mittelmaß und die Anonymität, in der wir leben, hinter uns zu lassen und etwas, das den Alltag farbiger macht, zu vollbringen. Vermutlich werden wir den Wunsch verspüren, uns von unseren Mitmenschen deutlich zu unterscheiden. Es kann sein, dass uns dieses Vorhaben gelingt, indem wir in unserem momentanen Beruf neue Ausdrucksmöglichkeiten entwickeln. Der Mut, noch wenig begangene, außergewöhnliche Pfade zu beschreiten, könnte der Schlüssel zu unserem persönlichen Erfolg sein. Auch bei dieser Entsprechung haben die Transite von Uranus eine ähnliche Auswirkung.

Mit Lilith im 6. Haus als Transit kann das Klima am Arbeitsplatz ziemlich spannungsgeladen sein. In dieser Zeitspanne möchten wir lieber unsere Aufgaben selbstständig erledigen. Intrigen und Streitigkeiten unter Kollegen sind nicht auszuschließen, vor allem wenn der Schwarze Mond in einer ungünstigen Beziehung zum Radix-Mars steht. Eine ähnliche Auswirkung in Bezug auf den Arbeitsplatz kann von einem Transit von Pluto und Uranus zum Geburtsmars verursacht werden, wenn Mars der Herrscher des 6. Hauses im Horoskop ist.

Es ist auch nicht auszuschließen, dass während dieser Phase eine aufregende Affäre mit einer Kollegin oder einem Kollegen beginnen könnte, die uns Lebendigkeit, verbotene und intensive Gefühle bietet, die aber nicht ohne Risiko sein wird.

Lilith im Transit im 7. Haus

Der Mythos von Lilith berichtet von heftigen Machtkämpfen zwischen Adam und seiner ersten Frau. Man erzählt, dass Adam und Lilith nicht in Frieden miteinander leben konnten, weil Lilith über die ihr im Beischlaf auferlegte Stellung erzürnt war, denn sie musste unter Adam liegen. Lilith wollte keine untergeordnete Rolle in der Ehe spielen, aus diesem Grund floh sie aus dem Paradies und zog das Leben unter den Dämonen dem ewigen Unglücklichsein neben ihrem Gemahl vor. Wenn der Schwarze Mond das 7. Haus transitiert, kommt es deshalb für gewöhnlich zum Kampf der Geschlechter. Harte Zeiten brechen besonders für Partnerschaften an, in denen einer der Partner immer wieder versucht, den anderen zu dominieren und zu unterdrücken. Der bislang passivere Partner verspürt ein Verlangen nach mehr Autonomie und will mit wachsender Ungeduld nicht länger die Regeln akzeptieren, die die Beziehung bis vor kurzem am Leben gehalten haben. Es kann zu heftigen Auseinandersetzungen kommen, denn einer der Partner will wahrscheinlich nicht mehr in diesem alten Muster verweilen. Dem dominierenden Partner wird durch den Transit gezeigt, dass den anderen einfach zu überrumpeln, letzten Endes nur zum Bruch führen kann. Der Partner, der sich passiver verhalten hat, will nicht mehr andauernd bevormundet werden und wird wahrscheinlich eine auf Gleichberechtigung basierende Freundschaft anstreben. Wir können diesen Transit auf zwei verschiedene Weisen erleben, auf einer persönlichen oder auf einer Projektionsebene. Falls wir diejenigen sind, die bisher eine passive und entgegenkommende Rolle innehatten, bemerken wir nun, dass wir diese Rolle satt haben, und die von unseren Partnern auferlegten Einschränkungen kommen uns vor wie Ketten. Immer schwerer fällt es uns jetzt, unsere wahre Natur und unseren Drang nach Unabhängigkeit zu unterdrücken. Dies geschieht besonders dann, wenn wir vom Charakter her Persönlichkeiten sind, die die eigene Freiheit genießen wollen und aus Liebe zu dem Partner diesen Teil der Persönlichkeit unterdrückt haben.

Wenn jedoch unser Partner jemand ist, der in der Vergangenheit öfter nachgegeben und sich eher passiv verhalten hat, könnte uns der Transit von Lilith im 7. Haus mit einer Veränderung der Verhältnisse überraschen. Die Dinge innerhalb der Ehe oder der Beziehung werden sich ändern. Wenn keine positive Umgestaltung erfolgt und die bisher eingenommenen Rollen keinem Wandel unterliegen, wird unser gemeinsames Leben in eine Krise geraten. Wenn wir den sich vollziehenden Umbruch nicht akzeptieren und uns gegenüber dem Partner weiterhin wie bisher verhalten, so wird der Beginn einer gnadenlosen Auseinandersetzung vorprogrammiert sein. Machtkämpfe und endlose Streitereien könnten zur Tagesordnung werden. Wenn wir kein Verständnis für das Freiheitsbedürfnis des anderen und keinen Respekt für sein Streben nach Entwicklung aufbringen, bleibt uns nichts anderes übrig als die Loslösung oder die Trennung. In der Zeit, in der Lilith das Haus der Partnerschaft durchläuft, ist es nicht mehr möglich, weitere Kompromisse einzugehen oder sich vom anderen beherrschen zu lassen, ebenso wenig vermag man die wahren Bedürfnisse des geliebten Menschen zu übersehen.

Der Transit könnte außerdem Auslöser dafür sein, dass derzeit in unserer Beziehung der Konflikt zwischen dem Verlangen nach Distanz und dem Wunsch nach Intimität zum dominierenden Thema wird. Ein ständiges Wechselspiel könnte beginnen, auf dessen einer Seite der Wunsch nach Zärtlichkeit, körperlicher Nähe und emotionaler Einheit stehen, andererseits aber das Bedürfnis existiert, die Flucht zu ergreifen, sich zurückzuziehen und auf Distanz zu gehen. In dem Moment, in dem der eine Lust auf Zärtlichkeit hat, weicht der andere aus – und umgekehrt.

Dieses Verhalten nenne ich »Katz und Maus Spiel«. Man kann beobachten, wie manche Horoskopeigner mit dem Transit von Lilith im 7. Haus die beinahe perverse Lust verspüren, den anderen zu verführen, nur um sich dann zu verweigern und aus dem Staub zu machen – ebenso kann genau das Gegenteil geschehen, nämlich dass sich jemand uns gegenüber auf diese Weise verhält.

Hinter dieser Verhaltensweise verbirgt sich die große Angst, sich völlig aufzugeben, sich an den anderen zu verlieren. Ähnliche Konstellationen für dieses Verhalten sind die Transite oder die Radix-Aspekte von Uranus zu Venus und Mars sowie Uranus als Transit oder als Radix-Konstellation im 7. Haus. Pluto-Konstellationen im Radix-Horoskop zu Mond, Venus und Sonne verstärken diese Auswirkung beim Lilith-Transit im 7. Haus.

Nur wenn wir die eigenen Ängste, Schwächen und Bedürfnisse ebenso gründlich kennen wie die desjenigen Menschen, der uns am nächsten steht, und wenn wir lernen, uns gegenseitig zu verstehen und zu vertrauen, wird es uns gelingen, den Transit des Schwarzen Mondes im 7. Haus zu meistern. Doch die magische Formel, um zu einer Übereinstimmung mit dem uns wichtigen Menschen zu gelangen, lautet, dass wir lernen müssen, die wahre Natur des anderen zu respektieren und nicht versuchen dürfen, sie zu unterdrücken oder sich den anderen hörig zu machen.

Da Lilith auch die Gestalt der Geliebten übernimmt, kann es bei diesem Transit vorkommen, dass eine dritte Frau ins Spiel kommt.

Lilith im Transit im 8. Haus

Es beginnt ein Zeitabschnitt, in dem der Umgang mit Geld oder sonstigen materiellen Dingen, die wir gemeinsam mit anderen Personen – Teilhabern, Ehepartnern oder Verwandten – verwalten, unangenehme Auseinandersetzungen mit sich bringt. Besonders bei Scheidungen können sich sehr üble Geschichten ereignen. Zwar betrifft dies stets beide Parteien, doch werden wir das Gefühl nicht los, dass wir es sind, die dabei am schlechtesten abschneiden. Eine wenig günstige Auswirkung dieses Transits besteht darin, betrogen oder hintergangen zu werden. Menschen, mit denen wir bisher gut zusammengearbeitet haben, aber auch Teile unserer Verwandtschaft, könnten uns unter Umständen sehr enttäuschen, wenn das Thema Geld ins Spiel kommt. Es ist durchaus möglich, dass das Vertrauen, das wir bis zu diesem Zeitpunkt in andere Personen gesetzt haben, beeinträchtigt wird. Der Verdacht mag in uns aufkommen, das Opfer von Betrug oder unsauberen Machenschaften geworden zu sein. Sollte es soweit kommen, so sollten wir gut darauf achten, mit wem wir gemeinsame Geschäfte machen. Wir sollten sicher gehen, dass es sich bei denjenigen, denen wir die Verwaltung unseres Besitzes anvertrauen, um integere Personen handelt. Auch beim Aufsetzen von Verträgen und sonstigen Dokumenten ist zur Zeit größte Umsicht erforderlich, besonders wenn gleichzeitig der transitierende Neptun das 8. Haus durchläuft oder in Konjunktion oder dynamischem Aspekt zum Herrscher des 8. Hauses steht.

In Erbschaftsfragen könnte es im Familienkreis zu äußerst harten Auseinandersetzungen kommen. Im schlimmsten Fall könnten wir von einer heiß ersehnten Erbschaft ausgeschlossen werden, worüber wir schwer enttäuscht wären. Wir empfinden uns als Opfer einer Familienintrige und ganz persönlicher Rachefeldzüge und können uns von diesem Gefühl nicht so schnell freimachen. Wahrscheinlich ist unser Verdacht sogar begründet. Wegen der erlittenen Schmach brodelt eine nur schwer zu unterdrückende Wut in uns.

Dies ist keinesfalls der geeignete Augenblick, um Schulden zu machen oder ein Darlehen aufzunehmen. Wir laufen unter diesem Transit Gefahr, in die Fänge eines Halsabschneiders zu geraten. Noch schlimmer kann es kommen, wenn wir uns mit Personen einlassen, die unsere finanzielle Notlage ausnutzen, indem sie versuchen, uns in körperliche oder psychische Abhängigkeit zu bringen. Dies wird umso wahrscheinlicher, wenn

Pluto im Transit oder als Radix-Aspekt gleichzeitig in Beziehung zu dem 8., 5. oder 2. Haus steht.

Aus diesen Gründen sollten Frauen unbedingt alle Angebote von Männern ablehnen, die sich hilfreich zeigen, ihnen gegenüber jedoch alles andere als selbstlose Gefühle hegen. Sie könnten sich als ausgesprochen aufdringlich erweisen und ihnen eine Rechnung präsentieren, von der zuvor nicht die Rede gewesen ist.

Unter den Auswirkungen dieses Transits ist es nicht unwahrscheinlich, dass wir ein tief gehendes Interesse für die Mysterien der menschlichen Existenz entwickeln. Dies betrifft sowohl unser Leben auf der Erde als auch okkulte Fragen. Ursache dafür kann einerseits das Verlangen sein, die allerletzten Geheimnisse zu ergründen; auf der anderen Seite könnten wir uns wegen des Todes eines nahe stehenden Menschen mit der Erkenntnis trösten, dass mit dem Tod noch längst nicht alles zu Ende ist.

Sind wir hingegen ein furchtsamer, leicht zu beeinflussender Mensch, kann dieser Transit hinsichtlich okkulter Phänomene einen eher ungünstigen Einfluss auf uns ausüben. Halten wir uns also lieber fern von spiritistischen Sitzungen! Was wir dort erleben würden, könnte uns schwer erschüttern oder zumindest beunruhigen.

Dagegen ist es möglich, dass wir, falls wir uns immer schon für das Thema Tod interessiert haben sollten, unsere Erfahrungen durch die Begleitung Sterbender vertiefen möchten, Seminare über Parapsychologie besuchen oder an spiritistischen Sitzungen teilnehmen.

Falls wir ein Verlangen verspüren, uns mit psychischen Problemen auseinander zu setzen, die schon seit einiger Zeit an die Oberfläche drängen, ohne dass es uns bisher gelungen wäre, die Gründe dafür zu verstehen, so wäre es empfehlenswert, mit einer Rückführung (Regressionstherapie) zu beginnen. Mit dieser Technik könnten die Ursachen unbewusster Ängste oder Phobien freigelegt werden, unter denen wir schon seit so langer Zeit leiden. Wenn es uns bis zum heutigen Tage nicht gelungen ist, uns ihrer zu entledigen, so deshalb, weil sie sich in der Tiefe unserer Psyche verborgen hielten. Durch die Therapie wird die Last, die diese Probleme für uns darstellen, verarbeitet. Aber auch in diesem Fall ist es wichtig, dass wir den Therapeuten, der uns auf dieser Reise begleiten wird, richtig auswählen. Unter Lilith-Transiten sind nicht alle Menschen, denen wir begegnen, uns gegenüber frei von Machtansprüchen.

Lilith-Transit im 9. Haus

Hat bisher die allgemein vorherrschende Moral unser Verhalten diktiert, so werden wir nun das Bedürfnis verspüren, uns dagegen aufzulehnen und die äußeren Gegebenheiten zu durchbrechen, unter deren Einfluss wir bislang gestanden haben. Weiterhin Beschränkungen jeglicher Art unwidersprochen hinzunehmen wird uns bei diesem Transit schwer fallen, zumal alles, was sich jenseits der abgesteckten Grenzen befindet, uns magisch anzieht – ganz gleich, ob es sich um geistige Grenzen handelt oder um die Beschränkungen des Alltags.

Der Wunsch, dem Alltag zu entfliehen, kommt in unseren Phantasien zum Ausdruck, die uns weit weg von allen Anforderungen und Pflichten tragen, vor allem aber von Menschen, denen wir zwangsläufig jeden Tag begegnen. Die »Ferne« ist für uns von so unwiderstehlicher Anziehungskraft, wie es die Sirenen für den rastlosen Odysseus waren. Vielleicht verhindern aber familiäre und moralische Verpflichtungen eine wirkliche Befreiung. Die Kinder könnten noch zu klein sein; es ist möglich, dass für das Haus oder für andere Dinge noch Raten abzuzahlen sind, dass die Arbeit uns bindet oder dass unsere Handlungsfreiheit ganz allgemein momentan zu gering ist und daher keine Pause eingeschoben werden kann, um die entferntesten Ecken der Welt zu bereisen. Und so wird der heftig begehrte Ausbruch in Richtung Freiheit und Entspannung vorerst eine Fata Morgana bleiben, ein unrealisierbarer Traum.

Sollte es uns in diesem Jahr allerdings wirklich gelingen, einen lang gehegten Reisewunsch zu verwirklichen, könnten im fernen Ausland geradezu exotische Erlebnisse auf uns warten. Auch erotische Abenteuer mit den Einheimischen unseres Urlaubslandes sind nicht ausgeschlossen. Dabei wird es zu bisher völlig unbekannten Erfahrungen kommen. Es besteht jedoch auch die Gefahr, dass wir dort unser Herz verlieren.

Die Bindung an einen Mann aus einem völlig fremden Kulturkreis könnte bei Frauen in der Zukunft ausgesprochen schmerzhafte Folgen nach sich ziehen. Eine gemeinsame Lebensgestaltung könnte aufgrund der unterschiedlichen Weltbilder zum Scheitern verurteilt sein; aber auch die Entscheidung, eine Bindung einzugehen und dem betreffenden Mann in sein Heimatland zu folgen, kann sie teuer zu stehen kommen. Eventuell fühlen sie sich von einer Gesellschaft ausgeschlossen, der sie ohnehin nicht angehören und die sie als »die Fremde« betrachtet. Oder es könnte sein, dass dort, in seinem Land, noch eine andere Frau an seiner Seite steht.

Die Arbeit oder unsere gesellschaftlichen Aktivitäten können es mit sich bringen, dass wir uns um Ausländer oder politische Flüchtlinge kümmern. Die Eindrücke, die wir dabei sammeln, könnten sich für uns als erhellend und sehr tief gehend erweisen.

Eine Auswirkung dieses Transits ist mit dem Verlust von Glauben oder Vertrauen verbunden. Eine Zeit der Desorientierung, der fehlenden Ideale und Hoffnungen könnte eintreten, die aber nichtsdestoweniger von tief greifender Bedeutung für uns ist. Die Enttäuschung über den Verlust unserer Überzeugungen und Ansichten könnte in uns eine nicht wieder auszufüllende Leere verursachen. Doch schaffen wir es im Laufe der Zeit, neue Interessen zu entwickeln und nach anderen Idealen zu streben, die unser Leben nun bereichern können, da wir alles Überkommene über Bord geworfen haben.

Lilith im Transit im 10. Haus

Dies ist die geeignete Zeit, um eine Bestandsaufnahme zu machen und zu überprüfen, ob die auf gesellschaftlicher Ebene erreichten Ziele wirklich unseren Wünschen entsprechen. Vor allem fragen wir uns, ob wir unserer sozialen und beruflichen Karriere nicht Werte von existentieller Bedeutung oder auch Beziehungen zu Menschen geopfert haben, die uns bei der Verwirklichung unserer Absichten nützlich waren, deren Abwesenheit jetzt aber deutlich spürbar ist. Haben wir in der Vergangenheit auf die Gründung einer Familie verzichtet, um dahin zu gelangen, wo wir heute stehen, so werden uns die Folgen dieser Entscheidung jetzt beschäftigen. Wir könnten feststellen, dass es kein Zurück mehr gibt, dass wir in unserem Alter besser keine Kinder mehr bekommen sollten oder dass unsere öffentlichen Verpflichtungen es nicht erlauben, eine Partnerschaft einzugehen. Derartige Erkenntnisse rufen in uns großes Bedauern wegen der vielen verpassten Gelegenheiten hervor. Der errungene Sieg wird einen bitteren Nachgeschmack haben und könnte uns wie eine Niederlage vorkommen. Die Unzahl der von uns zu tragenden Verantwortlichkeiten beginnt auf uns zu lasten – mehr können wir keinesfalls auf uns nehmen. Doch ändert diese Einsicht nichts an unserer inneren Leere. Endlich wird uns bewusst, dass Arbeit und Beruf nicht die einzigen Ziele im Leben eines Menschen sind.

Sollte im Leben einer Frau jedoch das Gegenteil passiert sein und sollte sie ihrer Familie wegen ihre eigenen Ansprüche zurückgestellt haben, dann könnte nun eine Phase anbrechen, in der sie das bereut. Der Wunsch nach Autonomie und gesellschaftlichem Erfolg könnte sie dazu treiben, wieder in das Arbeitsleben einzutreten. Es ist nicht auszuschließen, dass sie sich auf ausgeschriebene Stellen bewirbt. Ihr wird klar, dass der Moment gekommen ist, da sie Haushalt und Kinder nicht mehr so sehr befriedigen wie noch vor einigen Jahren. Falls der Nachwuchs bereits in den Kindergarten geht oder die Schule besucht, oder falls er sogar schon nicht mehr zu Hause wohnen sollte und sein eigenes Leben lebt, dann ist für sie der richtige Augenblick gekommen, wieder eine Arbeit oder eine gesellschaftliche Rolle zu übernehmen. Ähnliche Wirkung haben die Saturn-Transite im 10. Haus oder in Verbindung mit dem Herrscher des MC. Saturn-Transite in Bezug auf das 10. Haus führen zur Neubewertung der bisherigen gesellschaftlichen und beruflichen Rolle.

Heftige Konflikte mit Menschen in unserer Umgebung, die besondere Autorität innehaben, sind nicht auszuschließen. Mit allen Mitteln werden sie versuchen, unsere sämtlichen Autonomiebestrebungen zu unterbinden. Doch haben diese Personen dabei nicht unseren ständig wachsenden Freiheitsdrang in ihre Rechnung mit einbezogen. Es wird uns gelingen, über alle zu triumphieren, die uns bevormunden wollen, und somit unserem eigenen Durchsetzungsvermögen Geltung zu verschaffen.

Lilith kann eine kritische Auswirkung im Bereich der Ambitionen haben. Es ist möglich, dass wir lange auf eine Verbesserung unserer Position gewartet haben und stattdessen eine Enttäuschung erleben. Es kann vorkommen, dass eine jüngere und raffiniertere Dame uns zuvorkommt. Es ist nämlich nicht selten, dass es unter dem Einfluss dieses Transits zu Ungerechtigkeiten im Berufsleben kommt.

Es ist auch möglich, dass das, was wir vor vielen Jahren als unsere Berufung betrachtet haben, uns jetzt nicht mehr erfüllt und dass wir uns nach neuen Anregungen und Lebenszielen sehnen. Falls es aufgrund unseres Alters oder der schwierigen Arbeitsbedingungen nicht mehr möglich sein sollte, einen anderen Arbeitsplatz zu finden, sollten wir versuchen, uns ehrenamtlich zu betätigen oder solche Dinge zu unternehmen, die es uns ermöglichen, weiterhin rege und erfüllt zu bleiben.

Unterstützt vom Pluto-Transit im 10. Haus, wenn dieser Planet einen Transit-Aspekt zur Radix-Venus bildet (oder einen Pluto-Transit zu Venus als Herrscherin des 10. Hauses), kann die Auswirkung Liliths in diesem Bereich zu einem heftigen, erotischen Verhältnis zum eigenen Chef (bei weiblichen Horoskopeignerinnen) oder zur eigenen Chefin (bei männlichen Horoskopeignern) führen. Eine solche Beziehung kann ungeheure emotionale Höhenflüge mit sich bringen, aber auch erschöpfen und entkräften, wenn sie zu kompliziert wird. In diesem Fall kann das Verhältnis Schwierigkeiten sowohl im Privatleben als auch im Beruf verursachen. Das Prinzip von Lilith hat wenig mit Liebe zu tun, sondern es erweckt in uns das Verlangen nach Erotik und Verbotenem. Wenn wir unter einem Lilith-Transit mehr als das von einer Affäre erwarten, können wir, sofern andere Transite nicht dagegen sprechen, mit einer Enttäuschung rechnen.

Lilith-Transit im 11. Haus

In dieser Phase konzentriert sich unsere Energie voll und ganz auf unsere Freundschaften. Einige Beziehungen werden sich grundlegend ändern, andere gänzlich aufhören. Vermutlich verspüren wir ein Bedürfnis, uns von anderen Menschen zurückzuziehen. Es ist möglich, dass ein Teil der Freundschaften aufgrund unseres Verlangens nach Einsamkeit von uns vernachlässigt wird. Wir fühlen uns alleine momentan wohler als in Gesellschaft anderer, auch wenn wir ihnen freundschaftlich verbunden sind.

Eine der Auswirkungen dieses Transits könnte darin bestehen, dass es zu erotischen Komplikationen kommt, die alles andere als einfach zu handhaben sein werden.

Eine Freundin oder ein Freund mit der oder mit dem wir schon viele Abenteuer gemeinsam durchgestanden haben und der oder dem wir voll und ganz vertrauen, könnte uns mit einem Male auch sexuell anziehen. Zu unserer Verblüffung müssen wir jedoch feststellen, dass dieser Mensch seinerseits keineswegs in uns verliebt ist und daher auch nicht bereit ist, sein Leben mit uns als festem Partner oder fester Partnerin zu teilen.

Wir dagegen empfinden in seiner Gegenwart auf einmal nur noch erotische Gefühle.

Macht unsere Freundin oder unser Freund dieses Spiel mit und ist sie oder er bereit, unsere gemeinsame Beziehung durch neue, aufregende Erfahrungen zu bereichern, auch ohne sich ewige Liebe zu schwören, dann werden sich keine Komplikationen einstellen. Ist sie oder er jedoch über die neue Entwicklung dieser Freundschaft oder über unser Verhalten enttäuscht oder gar empört, so kann nicht ausgeschlossen werden, dass diese Person sich von uns zurückzieht. Was bislang eine schöne Freundschaft gewesen ist, findet nun ein Ende.

Selbstverständlich könnte es aber auch genau andersherum verlaufen. In diesem Falle wären wir es, die bei einem Freund oder einer Freundin ein erotisches Verlangen auslösen. Durch eine solche Erfahrung könnten wir zu der Einsicht gelangen, wie schwer es für die beiden Geschlechter ist, eine rein mentale Beziehung aufrechtzuerhalten. Und nach Beendigung dieser Geschichte werden wir eventuell nicht mehr daran glauben, dass es Freundschaften zwischen den Vertretern des männlichen und weiblichen Geschlechts auch ohne sexuelles Interesse geben kann. Dabei können Enttäuschungen nicht ausgeschlossen werden.

In anderen Fällen könnte es in manchen Freundschaften aufgrund unangenehmer Auseinandersetzungen zu Brüchen kommen. Dabei ist mit einem schnellen Ende zu rechnen, das allerdings Zorn und Wut nach sich zieht. Aber es ist auch denkbar, dass Freundschaften plötzlich beendet werden, weil der Umzug in eine andere Stadt oder ein anderes Land notwendig wird. Im schwersten Fall ist der Tod eines Freundes oder einer Freundin der Grund.

Unter den Auswirkungen dieses Transits besteht die Gefahr, dass wir uns wegen unserer inneren Unruhe oder unserer apokalyptischen Zukunftsvisionen radikalen Gruppierungen oder pseudoreligiösen Sekten anschließen. Wir sollten Acht geben, mit wem wir uns einlassen – es könnte sonst viel Ärger dabei herauskommen. Wir könnten skrupellosen Personen auf den Leim gehen, die uns in brenzlige Situationen bringen oder gar unsere Existenz bedrohen. Ähnliche Auswirkungen von Lilith im Transit in diesem Bereich haben auch Pluto-Transite im 11. Haus oder zum Herrscher des 11. Hauses.

Lilith im Transit im 12. Haus

Ein großes Verlangen nach Ruhe und Abgeschiedenheit kennzeichnet diese Phase, besonders dann, wenn gleichzeitig auch Neptun-Transite vorhanden sind. Dies äußert sich umso stärker, wenn wir in einer Stadt leben. Der Lärm, das Chaos, die schlechte Luft und die ständigen Verkehrsstaus sind für uns ein täglicher Alptraum – auch, wenn wir überzeugte Stadtbewohner sind. Flucht scheint uns das beste Mittel zu sein, all dem zu entgehen, Energie zu tanken und erneut in Kontakt mit dem wahrhaftigsten und ursprünglichsten Teil unserer Persönlichkeit zu treten. Wenn wir kein Wochenendhaus auf dem Land besitzen, in das wir uns zurückziehen können, so dienen ein paar Wochen der Ruhe – beispielsweise in einem abgeschiedenen, friedlichen Bergdorf – demselben Zweck. Am wichtigsten ist für uns in dieser Zeit, wieder Zugang zu der authentischen und ungestümen Seite unserer Persönlichkeit zu finden. In der Stille und im Frieden werden wir die Möglichkeit haben, wieder jene innere, weise Stimme zu vernehmen, die immer leiser geworden ist, bis wir sie gar nicht mehr hören konnten. Unser Durst nach Authentizität treibt uns dazu, in unserer selbst gewählten Einsamkeit nach etwas Absolutem und Sublimen zu suchen. Nicht das Verlangen nach Meditation oder Kontemplation ist in unserem Fall ausschlaggebend für die Suche nach Abgeschiedenheit, sondern die Notwendigkeit, einmal vollkommen allein mit der ursprünglichen Seite unseres Selbst, allein mit unserem wahren Wesenskern zu sein.
Dieser Ausflug in die Tiefen des Seins könnte aber auch in

ganz anderer Form vor sich gehen. Alles könnte seinen Ausgang von einer depressiven Phase nehmen, während der wir uns von Gott und der Welt verlassen fühlen und ganz tief abrutschen. Empfindungen und Sinneseindrücke längst vergangener Zeiten tauchen wieder auf, ohne dass es uns jedoch gelingen würde, bis zu deren Ursprung vorzudringen. Die Entscheidung, sich einer Therapie zu unterziehen – Regressionstherapie, Reinkarnationstherapie oder Holotropes Atmen – wird uns von bedrückenden Ängsten befreien und zu unserer Erholung beitragen (ausgenommen sind gleichzeitig vorhandene schwierige Neptun- oder Pluto-Transite).

Eine wenig sympathische Erscheinung dieses Transits besteht darin, dass wir Kenntnis verwerflicher Geheimnisse oder wirklich heißer Informationen erlangen, die anderen Menschen durchaus schaden könnten; Ähnliches gilt auch in Bezug auf vertrauliche Informationen über uns selbst: Unbekannte Feinde könnten den Versuch unternehmen, uns Schaden zuzufügen. In einem solchen Fall besteht keine Möglichkeit, sich vor hinterlistigen Angriffen zu schützen. Auf der Hut zu sein ist alles, was wir dagegen unternehmen können.

In Herzensangelegenheiten könnte es während dieses Transits dazu kommen, dass wir Menschen ins Netz gehen, die bereits gebunden sind. Wenn wir eine Person sind, die klare Verhältnisse liebt, dann wird uns jede geheim gehaltene Beziehung sehr bedrücken und ins Unglück stürzen. Wir sollten darüber nachdenken, ob es nicht an uns ist, ein solches Verhältnis, das uns lediglich Freuden im Verborgenen verschafft, konsequent zu beenden.

Falls wir aber einen Reiz in dieser Bindung suchen und einverstanden sind mit den Bedingungen, die eine solche Beziehung an uns stellt, dann können wir sie als eine erfreuliche und erregende Erfahrung genießen. Ähnliche Transite, die die Auswirkung des Schwarzen Mondes in Herzensangelegenheiten unterstützen, sind Neptun-, Uranus- und Pluto-Transite zur Venus – vor allem dann, wenn Venus eine Verbindung zum 12. astrologischen Bereich hat.

Lilith im Transit zur Radix-Position

Lilith Konjunktion Lilith

Die Phase, die wir bei der Konjunktion von der Transit-Lilith zur Radix-Lilith durchmachen, ist äußerst vielschichtig, da nun lange verdrängte Gefühle und in der Persönlichkeit verankerte Komplexe wieder an die Oberfläche gelangen und uns gewaltig durcheinander bringen. Möglicherweise steht uns auf psychologischer Ebene eine Auseinandersetzung mit sämtlichen Traumata bevor, die von den negativen Erfahrungen mit den Vertretern des anderen Geschlechts herrühren, unabhängig davon, ob sich diese nun in der Familie oder im Freundeskreis ereignet haben. Obwohl wir immer dachten, uns nicht mehr an diese Ereignisse erinnern zu können, waren sie doch in unserem Unterbewusstsein verborgen. Jetzt tauchen sie wieder auf – in Form von Komplexen, Ängsten oder unbefriedigten Bedürfnissen. Sollten wir schon seit längerem den Eindruck haben, in unserer Partnerschaft zu vertrocknen, steht unserer Beziehung wahrscheinlich eine Krise bevor.

Bei Frauen äußert sich der Konflikt im Bereich des Familienlebens, in der Partnerschaft und im Beruf. Wie mächtig ist doch zur Zeit des Transits ihr Bedürfnis, im Familien- und Gesellschaftsleben eine aktive, selbstständige Rolle einzunehmen. Mit lauter Stimme machen sie ihre Rechte geltend, ohne auf die Reaktion zu achten, die ihr Verhalten hervorruft. Sie wollen den Männern gleichgestellt sein und lehnen deren anmaßendes Benehmen ab, bis sie schließlich keinen Ausweg mehr sehen und sich von ihnen distanzieren. Doch auch Konflikte mit anderen

Frauen und in erster Linie mit ihren Müttern sind nicht auszuschließen. Trotz ihres Alters könnten sie versuchen, zu ihnen in Konkurrenz zu treten. Wenn sie sie bereits während ihrer Jugend als Rivalinnen betrachtet haben, werden sie sich nun nicht mehr länger von ihren Müttern unterkriegen lassen. Vermutlich werden Frauen unter dem Transit nach neuen Ausdrucksmöglichkeiten suchen, durch die sie sich von dem Typ Frau distanzieren können, den ihre Mutter repräsentiert.

Eine schmerzvolle Auswirkung dieses Transits könnten wieder auftauchende Erinnerungen an einen vor Zeiten vorgenommenen Schwangerschaftsabbruch sein. Falls damals dieses traurige Ereignis innerlich nicht verarbeitet wurde, werden der alte Schmerz und die Schuldgefühle von einst erneut in ihnen aufsteigen. Eine weitere Möglichkeit könnte sein, dass sie in eine verzwickte Lage geraten, in der sie sich zwischen Abtreibung und Austragen des Kindes entscheiden müssen. Wenig erfreulich ist auch die Aussicht, dass weibliche Horoskopeignerinnen erkranken könnten oder chirurgische Eingriffe an den Fortpflanzungsorganen über sich ergehen lassen müssen. Diese Möglichkeit kann bestehen, wenn auch Mond und Venus im Radix-Horoskop schwierige Transite von den langsamen Planeten oder vom rückläufigen Mars aufweisen. Darum ist in diesem Zeitraum der regelmäßige Besuch eines Gynäkologen zu empfehlen. Für Fruchtbarkeit und Schwangerschaft ist diese Phase wenig günstig. Falls ein Kind erwünscht ist, wäre es besser, noch solange damit zu warten, bis der Transit sich entfernt hat.

In männlichen Horoskopen wird die Konfrontation mit der bedrohlichen Gestalt der Mutter nicht ausbleiben. Sie könnte ihnen auf intellektuellem Gebiet begegnen, indem sie Bücher lesen, die von dem faszinierenden und gleichzeitig doch so beunruhigenden Thema der Mutter-Sohn-Beziehung handeln. Wahrscheinlich ist es jedoch so, dass bei Männern während einer Therapie die alten Ängste wieder an die Oberfläche gelangen und sie zwingen, sich mit den Problemen aus Kinderzeiten zu befassen, die längst begraben schienen. Das geschieht, wenn im Radix-Horoskop schwierige Pluto- oder Mars-Aspekte zum Mond enthalten sind oder Pluto einen Bezug zum 4. Haus oder zum 10. Haus aufweist. Hatten sie eine dominierende, besitzergreifende Mutter, könnten sich bei der Begegnung mit Frauen Kastrationsängste einstellen, unter denen sie schon als Kind unbewusst gelitten haben.

Eine weitere denkbare Folge dieses Transits bei Männern könnte die unerwünschte Schwangerschaft ihrer Freundin, ihrer Lebensgefährtin oder einer Frau, mit der sie eine erotische Beziehung hatten, sein – so dass sie sich zwischen Abtreibung und ungewollter Vaterschaft entscheiden müssen.

Lilith in harmonischem Aspekt zu Lilith

Die Auswirkungen dieses Transits sind manchmal problematisch, wenn sie von schwierigeren Transiten der langlaufenden Planeten begleitet werden. Sie beinhalten aber auch ein Potential, das verwertet werden kann, um sich weiterzuentwickeln und innerlich zu wachsen. Dies geschieht in einem Augenblick, in dem wir das Verlangen verspüren, unser eigenes unverfälschtes, authentisches Wesen wieder zu entdecken – jenen wilden, unbezähmbaren Teil unserer Persönlichkeit, den wir aus Angst, er könnte uns mit sich reißen und in uns ein Chaos der Gefühle anrichten, unter Kontrolle gehalten haben.

Wenn wir den Mut besitzen, uns gehen zu lassen und die stereotype Rolle abzulegen, die uns die Gesellschaft auferlegt hat; wenn wir die Kraft haben, in uns zu schauen und alle in unserer Seele eingeschlossenen Gefühle von der Angst befreien, wir könnten anderen Menschen Unannehmlichkeiten bereiten; und wenn es uns vor allem gelingt, kämpferisch für die Rettung unserer Unabhängigkeit einzutreten, dann wird sich dieser Transit für uns als ausgesprochen wertvoll erweisen. Wir werden über die Möglichkeit verfügen, wie Phönix aus der Asche zu steigen. In unserer Psyche wird eine neue Kreativität entstehen, die schon lange im Verborgenen schlummerte. Unser möglicherweise schlechter Gemütszustand, für den wir in letzter Zeit andere Ursachen verantwortlich gemacht haben, spiegelte nichts anderes wider als unser allgemeines Unbehagen; er war die Folge der Frustration, die aus der Abtötung unseres wahren Ich resultierte. Jetzt ist die Gelegenheit da, das zu werden, was wir wirklich sind, ohne Verstellung und Heuchelei. Um dieses Ziel zu erreichen, müssen wir kämpfen. In dieser Zeit werden wir nichts geschenkt bekommen, alles, was wir für unsere weitere Entwicklung unternehmen, ist die Frucht unseres eigenen Mutes.

Was intime Beziehungen anbelangt, fühlen sich Frauen nicht länger imstande, den vom Patriarchat diktierten Regeln zu folgen. Sie suchen vielmehr nach Ausdrucksmöglichkeiten, die ihnen voll und ganz entsprechen. In ihren Beziehungen geben sie sich nicht mit der Art von Gleichheit zufrieden, die lediglich eine Symbiose mit dem geliebten Menschen darstellt. Sie fordern dieselbe Handlungsfreiheit und dieselbe Möglichkeit, ihre Rollen jeweils so zu ändern, wie es ihnen beliebt. Vor allem aber wollen sie sie selbst werden. Jegliche Bevormundung macht sie wütend. Sie wollen dann mit ihrem Partner ins Bett gehen, wenn ihnen danach ist, und nicht um jemandem einen Gefallen zu tun, der glaubt, bestimmte Rechtsansprüche auf sie zu haben. Möglicherweise werden ihre Forderungen auf Widerstand stoßen. Frauen steht jetzt alle notwendige Energie zur Verfügung, um ihre momentane Lage zu verändern, vorausgesetzt, dass sie das auch wirklich wollen.

In männlichen Horoskopen kann die Thematik dieselbe sein. Sie müssen sich mit einer Partnerin konfrontieren, die ihnen gegenüber kämpferisch eingestellt ist. Sie will tun und lassen können, was sie will. Wenn ein Mann noch immer an die Vorherrschaft des Mannes glaubt, dann kann er während dieser Zeit einige Überraschungen erleben. Er muss mit der widerspenstigen Haltung der Frau rechnen, die an seiner Seite lebt. Sie wird ihn dazu zwingen, seine Überzeugungen zu ändern. Sollte er, ohne groß darüber nachzudenken, ein bestimmtes patriarchalisches Gedankengut übernommen haben – vielleicht nur, weil das in seiner Familie so üblich war –, so wird er sich in dieser Phase emanzipieren und ohne große Umstände seiner Partnerin die ihr zustehenden Rechte einräumen. In diesem Fall wird er seine Beziehung positiv verändern und authentischer gestalten. Sind diese chauvinistischen Vorstellungen jedoch fest in ihm verwurzelt und verbietet ihm diese Überzeugung nachzugeben, wird es in seiner Partnerschaft kriseln. In letztem Fall werden die Änderungen auf ausgesprochen drastische Weise vonstatten gehen.

Der harmonische Transit von Lilith zu ihrer eignen Radix-Stellung im Horoskop ist stärker zu spüren, wenn gleichzeitig Uranus harmonische Transite zu den weiblichen Planeten im Horoskop bildet.

Lilith im Spannungsaspekt zu Lilith

In dieser Zeit tauchen all die unerfüllt gebliebenen Wünsche wieder auf, die bislang tief in unserer Seele verborgen lagen, und plagen uns mit einem Gefühl der Unzufriedenheit. Es ist, als könnten wir in unseren Beziehungen unsere Individualität gar nicht richtig zur Entfaltung bringen. Betrübt stellen wir fest, dass wir einen lebendigen und spontanen Teil unserer Persönlichkeit für eben diese Beziehungen geopfert haben. Und genau das bereitet uns jetzt Schmerzen.

Die Energie dieses Transits, die sehr ungleichmäßig ist, versorgt uns nicht mit der nötigen Kraft, um uns aus einer Lage zu befreien, die mittlerweile eine Last für uns darstellt. Das bisschen Energie, das wir in uns spüren, frustriert uns höchstens und lässt uns machtlos erscheinen. Werden wir uns mit dem Partner oder mit der Partnerin nicht verstehen, so fällt es uns schwer, uns zu behaupten oder gegen psychische und körperliche Gewalt zur Wehr zu setzen. Psychische oder physische Misshandlung kann in unseren Beziehungen erfolgen, wenn bereits eine Neigung dafür in unserem Radix existiert (schwierige Pluto-Mars-Aspekte), oder wenn in dem Partnerschaftshoroskop (Composit, Combin, Synastrie) Aspekte vorhanden sind, die zu seelischer und körperlicher Gewalt zwischen den Partnern führen können.

Wenn dies der Fall ist, dann besteht die einzige Möglichkeit, diesen schmerzhaften Empfindungen auszuweichen, darin, sich in sich selbst zurückzuziehen und so dem anderen keine Gelegenheit mehr zu geben, uns zu »erreichen«. Selber werden wir wohl keine körperliche Gewalt anwenden, doch das tödliche Schweigen, in das wir verfallen, bringt unsere Anklage und unsere Verweigerung deutlich zum Ausdruck.

Eine mögliche Auswirkung von Lilith im Spannungsaspekt zur Radix-Lilith könnte die Negierung des Sex sein. Indem wir uns jedem körperlichen Kontakt entziehen, errichten wir zwischen uns und dem Partner eine unüberwindbare Mauer. Eine Variation desselben Themas ist die Trennung der Sexualität von unseren Gefühlen. Es kann sein, dass wir in dieser Zeit unsere Bedürfnisse mit großer Befriedigung in Situationen ausleben, die keinerlei gefühlsmäßige Regung verlangen. Dort jedoch, wo Gefühle die Hauptrolle spielen, könnte es zu körperlicher Verweigerung kommen. Neue Freundschaften rufen in uns möglicherweise sehr zwiespältige Empfindungen hervor. Auf der einen Seite fühlen wir uns von ihnen unwiderstehlich angezogen, andererseits rufen sie in uns Ablehnung hervor und jagen uns Angst ein. Vielleicht bringen uns die jetzt beginnenden turbulenten Ereignisse dazu, uns mit Themen zu beschäftigen, mit denen wir es schon in unserer Kindheit zu tun gehabt haben. Aus diesem Grund wird die derzeitige Phase weder einfach noch unbeschwert werden. Wie alle Transite von Lilith können bei Frauen gynäkologische Beschwerden auftreten. Man soll sich nicht von einer Untersuchung abhalten lassen, nur weil vielleicht die Angst vor ungünstigen Ergebnissen besteht. Die

Thematik dieses Transits steht mit der weiblichen Gesundheit in Zusammenhang, aber damit es zu einer möglichen Erkrankung kommt, muss sich die Thematik ausgeprägt in dem Radix-Horoskop zeigen. Eine genaue Untersuchung der weiblichen Radix-Planeten, ihre Stellung im Zeichen und ihre Aspekte zu den anderen Planeten, ist notwendig, um eine Neigung zu weiblichen Erkrankungen festzustellen.

Lilith im Transit zu den Hauptachsen

Lilith in Konjunktion zum AC oder in Opposition zum DC

Nähert sich Lilith dem AC, empfinden wir ein heftiges Bedürfnis, endlich im Mittelpunkt zu stehen und die Hauptrolle auf der Bühne des Lebens zu spielen. Wir legen egozentrische Verhaltensweisen an den Tag und reagieren auf unsere Umwelt wesentlich direkter als bisher, und unsere Reaktionen auf die Geschehnisse des täglichen Lebens können bei anderen Menschen einen reichlich übertriebenen und kaum vernunftbetonten Eindruck hinterlassen. In diesem Zeitraum sind wir stark von unseren Gefühlen abhängig. Mehr als sonst empfinden wir uns in Widerspruch zu den vielen unterschiedlichen Erscheinungsformen des Lebens, und sämtliche äußeren Anforderungen werden wir als unerträglich empfinden. Ein Gefühl der Rebellion und der Unruhe überwältigt uns: Wir wollen nicht mehr fremdbestimmt sein, wir wollen als eine eigenständige Persönlichkeit behandelt werden, deswegen lehnen wir uns gegen jede Form von Kontrolle auf.

Für uns bricht nun eine Zeit an, in der tief greifende psychische Veränderungen unsere Einstellung zum Verhältnis von Mann und Frau erheblich umgestalten. Falls es ohnehin nicht schon geschehen sein sollte, werden wir uns emanzipieren und nach einer reiferen Beziehung zum anderen Geschlecht trachten, in der keiner der beiden Partner den anderen übervorteilt.

Es bricht jetzt eine Epoche an, in der wir lernen, unabhängiger zu werden, und eine Phase, die uns den Mut verleiht, unser eigenes Leben wahrhaftiger zu gestalten. Sollten wir z. B. bis-

lang homoerotische Tendenzen unterdrückt haben, so ist nun
der Zeitpunkt gekommen, sich zu überwinden und die eigene
Sexualität auf erfüllendere Weise als früher auszuleben. Es ist
durchaus möglich, dass eine Person gleichen Geschlechts in unser Leben tritt und wir gemeinsam den Mut aufbringen, uns in
aller Öffentlichkeit als Paar zu zeigen.

Einige der Illusionen, die wir seit jeher in Bezug auf partner-
schaftliche Beziehungen gehegt haben, müssen verabschiedet
werden. Wenn im Radix-Horoskop Lilith einen Bezug zum 7.
Haus oder zu dem Planeten Venus aufweist, tendieren wir dazu,
in dem Partner oder in der Partnerin den fehlenden Teil von uns
selbst wiederfinden zu wollen. Hinter der Suche nach einer
Partnerin oder nach einem Partner verbirgt sich die Sehnsucht
nach einer göttlichen Wiedervereinigung. Lilith ist jedoch keine
»Göttin« der Verschmelzung und des ewigen Friedens. Wer in
seinem Radix-Horoskop einen Aspekt zwischen Lilith und Venus besitzt oder Lilith im 7. Haus hat, muss die Illusion aufgeben, einen Partner oder eine Partnerin zu finden, der oder die
alle bisher gehegten unerfüllten Wünschen befriedigen kann.
Man sollte sich auch bewusst machen, dass die Partnerschaften
in mancher Hinsicht mehr einem Spiel mit dem Feuer oder einem emotionalen Minenfeld ähneln als einem ruhigen gemein-
samen Spaziergang bei Sonnenuntergang. Transitiert Lilith den
AC in Opposition und den DC in Opposition, wird uns diese
Tatsache bewusst und es bleibt uns nichts anders übrig, als uns
mit dieser Wahrheit auseinander zu setzen.

In der Zeit des Transits strahlen wir einen feinen, aber gleichzeitig beunruhigenden und äußerst sinnlichen Charme aus. Ein
Anflug von Narzissmus lässt uns das Verlangen spüren, andere
zu verführen. Das Bedürfnis, aufregende Dinge zu erleben und
neue körperliche Erfahrungen zu machen, drängt uns zu Abenteuern, in denen weder Liebe noch unsere Gefühle der dominierende Faktor sind, sondern vielmehr der überaus heftige
Wunsch nach körperlicher Befriedigung. Aber es ist längst nicht
gesagt, dass all unsere Vorstellungen auch tatsächlich ausgelebt

werden können. Dann wird es bei diesen Wunschbildern bleiben, in denen allerdings selbst die erotischsten Phantasien zum Zuge kommen werden.

Männer werden unter diesem Transit mit dem Verlangen konfrontiert, die Tiefen der Weiblichkeit und deren Geheimnisse zu ergründen. Dieses Verlangen lässt sie die Gegenwart von besonders gefühlvollen und leidenschaftlichen Frauen suchen. Durch die Erfahrungen, die sie mit Frauen sammeln – seien es nun Geliebte, Freundinnen, Schwestern oder Kolleginnen –, gelingt es ihnen, mit ihrer Anima Kontakt aufzunehmen und die verborgensten, instinktivsten Seiten ihrer Existenz zu ergründen.

Auf diese Weise entdecken sie in sich einen Mann, der keinesfalls nur eine vom Verstand geleitete Kreatur ist, die ihre Gefühle und Reaktionen immer völlig unter Kontrolle hat. Eine neue Welt voller beunruhigender und ursprünglicher körperlicher Empfindungen öffnet sich ihnen. Für sie ähnelt dies geradezu einer Einweihung, die sie bis zum Ursprung jener unbewussten, weiblichen Seite führt, die jeder Mann in sich birgt. Für diejenigen von ihnen, die sich künstlerisch betätigen, ist es möglich, dass sich eine weibliche Gestalt als Inspiration für ihre Werke zur Verfügung stellt.

Es wäre nicht klug, diesen instinkthaften Teil, der sich ihnen aus den Tiefen ihrer Persönlichkeit zu erkennen gibt, abzulehnen oder zu unterdrücken. Jetzt ist der Augenblick gekommen, in dem ein Mann sich dem anderen Geschlecht stellen muss – sowohl in der Verkörperung einer wirklichen Frau als auch in Form der unbewussten femininen Seite seines Selbst. Jedes Ausweichmanöver birgt hier die große Gefahr, dass man emotional »vertrocknet«.

Lilith im Spannungsaspekt zum AC oder zum DC

Im Verlauf dieses Transits sind wir äußerst unzufrieden mit uns selbst. Aber es ist sehr schwierig, die inneren Ursachen unseres Unwohlseins zu verstehen und zu ergründen. Es ist möglich, dass wir diese Unzufriedenheit einfach auf unser Aussehen projizieren. Doch gerade die Unfähigkeit, sich selbst zu akzeptieren, ist Ausdruck der Sicherheit, die wir in uns verspüren.

Es mag so scheinen, als ob zwischen uns und unserem Glück eine zu groß geratene Nase stehen würde, Krähenfüße an unseren Augen, ein zu kleiner oder zu schwerer Busen. Wir schaffen es vielleicht zur Zeit einfach nicht, uns so anzunehmen, wie wir wirklich sind. Manche gelangen zu der Überzeugung, dass uns einzig und allein eine Schönheitsoperation aus unserer unerträglichen Lage helfen kann. Doch falls wir zu einer solchen Entscheidung gelangen, ist gerade dieser Zeitraum nicht sonderlich dafür geeignet, sich unters Messer zu legen. Von technischen Komplikationen bis hin zu der Feststellung, dass das Resultat nicht unseren ursprünglichen Absichten entspricht, gibt es eine beträchtliche Bandbreite von Schwierigkeiten, die sich problematisch auswirken könnten. Die sich daraus ergebende Enttäuschung könnte unsere Unzufriedenheit in Verzweiflung umschlagen lassen.

Würden wir wirklich sorgfältig darüber nachdenken, kämen wir zu der Überzeugung, dass selbst eine gelungene Operation das Problem unseres mangelhaft ausgeprägten Selbstbewusstseins nicht lösen würde. Es ist keineswegs auszuschließen, dass unsere Komplexe sich auf andere Teile des Körpers verlagern oder noch schlimmer, zu einer Missachtung unserer spirituellen und intellektuellen Gaben führt.

Es sind nicht unsere Nase oder der Busen, die unserem Glück im Wege stehen. Dahinter steckt vielmehr ein gewisses Unvermögen, sich selbst zu lieben und zu akzeptieren. Und tatsächlich: Unter der Auswirkung dieses Transits tendieren wir dazu, uns selbst gegenüber eine feindselige Haltung einzunehmen. All die Aggressionen, die wir eigentlich auf andere Objekte richten sollten, wenden wir gegen uns selbst. Auf diese Weise setzen wir allerdings unsere körperliche und psychische Gesundheit aufs Spiel. Diese Verweigerungshaltung, die wir gegenüber jenem Teil unseres Körpers verspüren, der uns nicht gefällt, hat sehr tief reichende Ursachen. Wahrscheinlich wollen wir unbewusst überhaupt nicht, dass es uns gut geht. Wenn wir uns jedoch selbst nicht lieben, können wir von den anderen umso weniger verlangen, dass sie es tun. Nicht irgendwelche körperlichen Gebrechen sind es, die einer befriedigenden Liebesbeziehung im Wege stehen, sondern die viel zu geringe Selbstachtung, die wir für unsere eigene Person empfinden. Der Schwarze Mond kann in seiner problematischsten Auswirkung zu selbstzerstörerischen Verhaltensweisen und Handlungen führen. Ein schmerzhafter chirurgischer Eingriff – um einen verhassten Teil unseres Körpers zu modifizieren – kann bei den Spannungstransiten Liliths zu solchen Handlungen gehören.

Jetzt ist die Zeit reif, unserem übersteigerten Perfektionismus und unserer Kritiksucht, die beide von einem Gefühl der Minderwertigkeit herrühren, radikal den Kampf anzusagen. Dies ist der geeignete Augenblick, damit zu beginnen, uns so zu lieben, wie wir nun einmal sind – mit all unseren Fehlern. Ein neuer Körper bedeutet noch lange kein neues Leben.

Im emotionalen Bereich könnte es zu aufwühlenden Veränderungen kommen. Sind unsere Beziehungen bisher wenig aufregend oder sogar langweilig verlaufen, besteht jetzt die Möglichkeit, dass komplizierte, aber sehr faszinierende Personen in unser Leben treten. Enge Freundschaften werden sich daraus ergeben, die allerdings nicht ohne emotionale Komplikationen bleiben werden. Die Menschen, von denen hier die Rede ist, werden sich in einer Beziehung als ausgesprochen dominant erweisen und danach trachten, uns zu beeinflussen und unser Leben unter ihre Kontrolle zu bringen – besonders dann, wenn Pluto gleichzeitig Transite auf unseren persönlichen Planeten bildet. Schreckliche Auseinandersetzungen und zermürbende Machtkämpfe, die uns bis zur Verzweiflung treiben könnten, werden die Folge sein. Und obwohl wir uns der Zerstörungskraft bewusst sind, die in solchen Beziehungen regiert, wird es uns nur schwerlich gelingen, uns daraus zu befreien.

Das liegt daran, dass diese Menschen in uns Saiten zum Klingen bringen, die noch niemand zuvor zu berühren gewagt hat. Eine animalische Anziehungskraft fesselt uns an derartige Partner, im Guten wie im Schlechten. Uns wird klar, dass sich die emotionalen Erfahrungen, die wir mit ihnen teilen, niemals im Mittelmaß bewegen. Durch ständige Kämpfe, aber auch durch Sex, werden wir mit einem düsteren, wilden Aspekt unserer Persönlichkeit vertraut gemacht, der uns beunruhigt. Diese Auswirkung ist zu erwarten, wenn wir Platzierungen im Zeichen Skorpion oder im 8. Haus im Radix haben, aber auch, wenn Venus oder Mars im Aspekt zu Pluto stehen. Wenn unser Horoskop viel Luft enthält (Sonne, Mond oder AC in Zwillinge, Waage oder Wassermann) und wir deswegen die Eigenschaften von Skorpion-Venus oder Skorpion-Mars unterdrückt und als unbequem eingestuft haben, werden wir unter dem Einfluss der transitierenden Lilith zur AC/DC-Achse erleben, dass alles, was unter der Oberfläche verborgen war, ans Licht kommt. Nach einer solchen Erfahrung werden uns sämtliche Abenteuer, die auf dem Gebiet der Liebe noch auf uns zukommen könnten, wesentlich reizloser und fade vorkommen. Nachdem wir einmal derartig beeindruckende Erfahrungen durchlebt haben, werden wir künftig alle oberflächlichen Verhältnissen nicht mehr als befriedigend erleben. Einmal haben wir das Nonplusultra der Erotik verspürt – mit weniger werden wir uns jetzt nie wieder zufrieden geben. Auch dann, wenn sich unter anderen Aspekten diese Bindungen als sehr anstrengend erwiesen haben.

Der positive Effekt dieses Transits besteht gerade darin, dass wir stark werden, um unbeschädigt durch das Feuer gehen zu können. Nach Beendigung der soeben erwähnten Beziehung werden wir gelernt haben, unsere Kräfte zu mobilisieren, wann immer wir zum Kampf gezwungen sind.

Lilith in harmonischem Aspekt zum AC und zum DC

In dieser Zeitspanne erleben wir eine Metamorphose. Wir werden das Bedürfnis verspüren, unsere Identität zu stärken, indem wir Dinge unternehmen werden, die gut zu unserer Persönlichkeit passen. Nun ist der geeignete Augenblick, um an unserem äußeren Erscheinungsbild zu arbeiten und es zu ändern. Ein neuer Look, ein provozierendes Make-up oder neue aufreizende Kleider werden Frauen dabei helfen, weiblicher und verführerischer zu wirken. Auch Männer verspüren das Bedürfnis, äußerlich mit neuen Kleidungsstücken, einem anderen Haarschnitt oder mit einem neuen Brillengestell ihre Persönlichkeit zu betonen. Alle diese kleineren Veränderungen dienen dazu, dass wir uns wohler in unserer Haut fühlen.

Wenn uns unser Aussehen bislang verunsichert hat, so finden wir jetzt den Mut, uns einer plastischen Operation zu unterziehen. Das Ergebnis wird wirklich ausgezeichnet sein. Wir sollten nicht zögern, wenn es unser Wunsch ist, ein besseres Erscheinungsbild zu erzielen und die richtige Zeit dafür gekommen ist, sich äußerlich zu verändern. Wenn keine psychologischen Probleme, sondern nur ein paar Details an unserer Person uns verunsichert haben, dann wird ihre Beseitigung bzw. ihre Verbesserung uns nicht nur äußerlich verändern, sondern wir werden gleichzeitig eine innere Stärkung erfahren. Sollte jedoch eine Depression dafür verantwortlich sein, dass wir mit unserem Aussehen unzufrieden sind, dann ist jetzt der richtige Zeitpunkt für eine Selbstanalyse, um die Ursache dieses psychischen Konflikts herauszufinden. In diesem Fall würde eine Schönheitsoperation nicht die ideale Lösung unserer Unsicherheit sein.

Unter diesem Transit werden auch unsere zwischenmenschlichen Beziehungen beeinflusst. Bindungen, die bisher eher auf einer mentalen oder kameradschaftlichen statt erotischen Ebene funktionierten, können sich verändern und eine erotische Komponente bekommen. Möglicherweise werden all unsere

Freundschaften deutlich an Intensität zunehmen. Beziehungen, denen bislang jede Verbindlichkeit fehlte, auch wenn sie angenehm verliefen, stellen uns nun nicht mehr zufrieden. Wenn der Schwarze Mond unsere AC/DC-Achse positiv beeinflusst, verspüren wir den Wunsch, authentischere und vor allem tiefer gehende Freundschaften und Liebschaften zu leben.

Nun wird uns auf einmal bewusst, dass es immer nur die Angst vor Unruhe und Aufregung gewesen ist, die uns bislang von einer ernsthaften Bindung abgehalten hat. Wir werden lernen, dass Auseinandersetzungen und Machtkämpfe zwei liebende oder befreundete Menschen nur noch stärker zusammenführen können, sofern sie in konstruktiver Weise ausgefochten werden.

Die Energie dieses Transits ist ausgesprochen inkonstant, deswegen sollten wir es vermeiden, den geliebten Menschen zu bezwingen. Wir sollten versuchen, unseren Partnern die Möglichkeit zuzugestehen, sich gemeinsam mit uns weiter zu entwickeln, aber auch allein auf sich gestellt Erfahrungen zu sammeln. Das wäre das schönste Geschenk, das wir denjenigen Menschen, die wir lieben, machen können.

Lilith in Konjunktion zum DC oder in Opposition zum AC

Frauen können zur Zeit des Transits häufiger auf Männer treffen, die nicht die Absicht haben, sich ernsthaft zu binden. Die Verweigerungshaltung ihrer Männerbekanntschaften wird ihnen einigen Kummer verursachen. Es ist einfach nicht der geeignete Zeitpunkt, um wirklich befriedigende Beziehungen mit dem anderen Geschlecht auszuleben. Zwar sind ihre Gefühle in dieser Phase leidenschaftlicher als gewöhnlich, doch kann jeder Versuch, sie zum Ausdruck zu bringen, massiv unterdrückt werden.

Stattdessen in einer Partnerschaft zu leben, in der es schon seit einiger Zeit kriselt und in der sie ihrer Meinung nach nicht sie selbst sein können, könnte in ihnen während dieser Phase den Wunsch hervorrufen, mit dem Partner zu brechen, um ihren eigenen Weg zu gehen und ihren wirklichen Neigungen zu folgen.

Mehr als sonst gehen ihnen die chauvinistischen Macho-Allüren ihres Lebensgefährten auf die Nerven. Das Verlangen, sich zu emanzipieren und seinen Übergriffen ein Ende zu setzen, könnte bei Frauen, die bis dahin die traditionelle Rolle in der Partnerschaft übernommen haben, so stark werden, dass sie sich schließlich dazu gedrängt fühlen, für ihre eigenen Rechte aufzustehen und zu kämpfen. Ist die Trennung bei manchen Frauen dagegen bereits erfolgt, erschreckt sie allein schon der Gedanke an eine neue Bindung. Die Vorstellung, eine Zeit lang als Single zu leben, erscheint ihnen wesentlich attraktiver und befriedigender als die Art und Weise, wie sie ihr Leben zuletzt gestaltet haben.

Männer dagegen treffen in diesem Zeitraum auf lauter verführerische Frauen, die sie geradezu magisch anziehen, die ihnen aber gleichzeitig auch Furcht einflößen. Ihre Empfindungen diesen Frauen gegenüber werden widersprüchlicher Natur sein. Entweder finden sie sie äußerst attraktiv, oder sie fühlen sich von ihnen abgestoßen. Es handelt sich um zwei Frauen-Typen: bei der ersten Version um dominante Frauen, die sehr eifersüchtig oder einengend sind. Sie haben das Gefühl, mit einem destruktiven, neurotischen, zur gleichen Zeit aber auch sehr triebhaften und gefühlsbetonten Typus von Weiblichkeit in Berührung zu kommen. Während ihre Vernunft ihnen davon abrät, sich auf solche Frauen einzulassen, treibt ihr Instinkt sie dagegen geradezu in deren Arme. Bei der zweiten Version handelt es sich um sehr freiheitsliebende Geschöpfe, die lieber die eigene Autonomie als eine feste Partnerschaft pflegen. Wenn der Horoskopeigner sich eine ernste oder traditionelle Art von Beziehung wünscht, wird er mit solchen Frauen seine Träume nicht erfüllen und sich auf die Suche nach einer weniger unabhängigen Gefährtin machen. Keinesfalls ist jedoch diese Zeit dazu geeignet, feste und traditionelle Bindungen einzugehen. Wir dürfen nicht vergessen, dass das Prinzip Liliths oft mit der Gestalt der Geliebten zusammenhängt. Zu der Zeit, in der Lilith über den DC läuft, kann in unsere festen Partnerschaften eine zweite Frau viel Unruhe bringen.

Da der Deszendent mit rechtlichen Angelegenheiten zu tun hat, ist es nicht ausgeschlossen, dass es in dieser Phase zu Schwierigkeiten kommen kann. Deswegen ist diese Zeit für Prozesse und rechtliche Verhandlungen ungünstig.

Lilith in Konjunktion zum MC oder in Opposition zum IC

In dieser Phase experimentieren wir nur allzu gerne mit unserer Attraktivität, die uns Tür und Tor zu öffnen scheint. Es gelingt uns besser als sonst, uns verbal auszudrücken, was solche Situationen erleichtert, in denen wir irgendetwas Wichtiges zu erhalten hoffen, wie zum Beispiel eine neue Arbeit oder gute Prüfungsergebnisse im Studium. Jetzt ist der Zeitpunkt gekommen, Rechenschaft über sich selbst abzulegen und herauszufinden, ob das, was wir bekommen haben, uns auch wirklich genügt, oder ob zum Erreichen unseres Zieles noch etwas Grundlegendes fehlt.

Unter diesem Transit wird die Erlangung eines gewissen Bekanntheitsgrades begünstigt – wenn dieser auch nur durch große Anstrengung und unter Einsatz von wirklichem Talent zustande kommt. Was wir nun erreichen, wird uns keineswegs in den Schoß gelegt. Wir haben es vielmehr mit Blut und Tränen errungen. Doch befriedigt uns dabei, dass wir dies alles selbstständig erarbeitet haben. Äußere Unterstützung von Personen, denen wir uns als Gegenleistung zu einem späteren Zeitpunkt eventuell hätten erkenntlich erweisen müssen, haben wir dabei nicht in Anspruch genommen. Sollten wir dagegen bemerken, dass das erträumte Ziel noch nicht in Reichweite ist, können zu diesem Zeitpunkt Veränderungen vorgenommen werden. Wir sollten unsere Energie darauf verwenden, Pläne in Angriff zu nehmen, die uns schon seit langem beschäftigen. Zwar könnten wir vor unserer eigenen Kühnheit erschrecken, doch sollten wir deshalb nichts aufschieben und unsere Zeit nicht verschwenden. Unter dem Transit können wir uns an die Arbeit machen, unsere Lage zu verbessern.

Alles, was offen und mutig angegangen wird, wird von der Energie dieses Transits begünstigt. Nur wer sich unaufrichtig oder hinterlistig verhält, wird mit den negativen Energien dieses Transits konfrontiert. In einem solchen Fall läuft man Gefahr, das Gesicht zu verlieren und die äußere Achtung einzubüßen.

Auch eine – gutwillige oder bösartige – Auseinandersetzung mit unserer Mutter oder deren Rolle in unserem Leben ist nicht auszuschließen. In dieser Zeit könnten die positiven und negativen Aspekte unserer Erziehung offenbar werden. Hat uns unsere Mutter früher gesunde Grundsätze vermittelt, so können wir uns diese nun zunutze machen. Hat sie uns dagegen behindert oder unterdrückt, dann werden jetzt alte Komplexe und unerfüllte Wünsche unserer Jugend wieder zum Thema werden.

Lilith in harmonischem Aspekt zum MC oder zum IC

Wenn gleichzeitig keine anderen Transite der langsamen Planeten den MC beeinflussen, sollte dieser Transit eine Phase einleiten, während der im Privatleben wie auch im Beruf alles zufrieden stellend verläuft. Es ist denkbar, dass man vielleicht ein Studium aufnimmt oder mit einer Arbeit beginnt, die der wirklichen Berufung entspricht. Möglicherweise hat man es von ganz allein so weit gebracht; es ist aber nicht auszuschließen, dass uns unter diesem Transit jemand behilflich gewesen ist, den richtigen Weg einzuschlagen.

Wir fühlen uns wesentlich selbstsicherer und verfügen über viel Zuversicht und Überzeugungskraft. Und deswegen gelingt es uns, bei anderen einen größeren Eindruck zu hinterlassen als bisher. Was die anderen für uns einnimmt, ist ein besonders feiner, unterschwelliger und daher kaum wahrnehmbarer Charme.

Unsere Selbstachtung, die für uns in dieser Zeit charakteristisch ist, verleiht uns die Kraft, nahezu jede Hürde zu überwinden. Dies trifft vor allem dann zu, wenn unserer Selbstverwirklichung etwas im Wege steht. Was uns am meisten zufriedenstellt sind nicht Macht oder materielle Dinge, sondern das Erreichen unserer geistigen Werte und Ziele. Dies trifft jedoch nicht nur auf unser Berufsleben oder den privaten Bereich zu; auch ehrenamtliche Tätigkeiten oder unser politisches Engagement werden von diesem Transit begünstigt. Müssen wir in diesem Zeitraum ein öffentliches Amt antreten oder auf Kongressen Reden und Referate halten, so trägt dieser Transit dazu bei, unsere rednerischen Fähigkeiten zu verbessern. Wir haben die Möglichkeit, unser Publikum zu beeindrucken. Da wir wesentlich gelassener sind als sonst, leiden wir deutlich weniger unter Lampenfieber, das ja für gewöhnlich öffentliche Auftritte begleitet.

Lilith im Spannungsaspekt zum MC oder zum IC

Während dieses Transits kommt Unzufriedenheit mit den bisher erreichten Zielen zum Tragen. Grundsätzlich alles wird von uns in Frage gestellt. Die plötzliche Erkenntnis, dass das, was wir tun, für unsere innere Entwicklung keinerlei Bedeutung mehr hat, trifft uns hart und frustriert uns zutiefst. Es kommt uns so vor, als ob sämtliche Anstrengungen und Mühen, die wir unternommen haben, um uns verlockend erscheinende Ziele zu erreichen, vergebens und sinnlos waren, da wir mittlerweile zu der Ansicht gelangt sind, dass die Verwirklichung eben dieser Ziele gar nicht mehr erstrebenswert und zufrieden stellend ist. Dasselbe gilt für all die Kämpfe, die wir durchstehen mussten, sowie für die Opfer, die wir zu bringen hatten.

Manche HoroskopeignerInnen stellen fest, dass sie Jahre ihres Lebens damit vergeudet haben, eine gesellschaftliche Stellung zu erlangen, um die viele sie vielleicht beneiden, die sie selbst aber überhaupt nicht mehr befriedigt; doch ein Zurück scheint ihnen auch nicht mehr möglich. Sämtliche finanziellen und beruflichen Verpflichtungen, die sich im Laufe der Jahre angehäuft haben, binden sie unabänderbar an die erreichte Position. Unmöglich erscheint ihnen die Vorstellung, sich aus dieser Verstrickung zu befreien. Was ihre Situation noch verschlimmert und sie am stärksten belastet, ist der Umstand, dass ihr Beruf nicht mehr das Geringste mit ihrer Berufung zu tun hat. Was sie vielleicht noch dagegen unternehmen könnten – da doch jede Veränderung ausgeschlossen scheint – ist die Möglichkeit, sich in ihrer Freizeit mit etwas zu beschäftigen, das ihnen wirklich Freude bereitet – Aktivitäten, auf die sie stolz sein können. Eine weitere Lösung könnte sein, sich intensiver als bisher mit der Familie zu beschäftigen. Auch alte Beziehungen anzuknüpfen, die sie wegen ihrer Karriere vernachlässigt haben, würde ihrem Leben wieder neuen Sinn verleihen. Die einzige Gefahr liegt darin, dass sich die betreffenden Personen ihren Annäherungsversuchen entziehen, da sie es gewohnt sind, ohne sie zurechtzukommen.

Wenn Lilith im Transit zur MC/IC-Achse steht, ist die Neubewertung unseres Lebens unter völlig anderen Gesichtspunkten eine weitere Möglichkeit, diese Zeit der Verwirrung zu überwinden und mehr Klarheit in unsere Existenz zu bringen. Wir sollten beginnen, das, was wir tun, nicht mehr allzu ernst zu nehmen. Der gesellschaftliche Rang ist schließlich nicht alles, was im Leben zählt. Wir sollten unbedingt in unserem Tagesablauf Platz für andere, authentischere Werte schaffen und jene Interessen pflegen, die wir in der Vergangenheit vernachlässigt oder unterdrückt haben.

Lilith in Konjunktion zum IC oder
in Opposition zum MC

Während dieser Zeit kann es zu Veränderungen und Problemen in der Familie, zu Auseinandersetzungen mit engen Verwandten, aber auch in der Ehe kommen. Falls zudem der Mond im Radix-Horoskop durch schwierige Transite berührt wird, kann eine problematische Wendung in unserem Privatleben stattfinden. Nach einer solchen Phase könnte in den Partnern der Wunsch heranreifen, sich zu trennen, zumal es ihnen so vorkommt, als ob sie nichts anderes mehr gemeinsam haben als die Wohnung. Der Entschluss zur Trennung oder Scheidung könnte einen komplizierten Prozess einleiten. Es ist eine nicht unwahrscheinliche Folge dieses Transits, dass unsere Partner Gegenargumente anführen, durch die wir ins Wanken geraten könnten. Diese Argumente können die Ursache belastender Schuldgefühle sein. Gemeinsame Kinder werden möglicherweise als Mittel eingesetzt, unsere Entscheidung zu beeinflussen.

Ein weiterer Grund, der sich als Hindernis bei unserem Streben nach mehr Freiheit und Veränderung erweisen kann, könnte ein gemeinsam mit dem Partner oder der Partnerin gekauftes Haus sein. Wenn gleichzeitig zu diesem Transit auch ein Transit von Saturn zum Herrscher des 8. Hauses unser Radix beeinflusst, kann es sich ergeben, dass die Begleichung der Schulden für das noch nicht abgezahlte Haus unseren Entschluss zur Trennung weiter hinauszögert oder verhindert. Doch wenn wir all unsere Kräfte mobilisieren und wirklich das erreichen wollen, wofür wir kämpfen, wird es uns leichter fallen, uns aus diesen Verstrickungen zu befreien und den Mut zu finden, unsere Pläne in die Tat umzusetzen. Lilith-Transite verleihen viel Mut und Kraft, wenn es darum geht, was wir wirklich mit unserem ganzen Herzen zu erreichen wünschen.

Doch müssen nicht immer notwendigerweise wir es sein, die während dieses Tansits eine Trennung verlangen. Auch unsere Partner können den Wunsch verspüren, uns zu verlassen. In diesem Fall, wenn wir versuchen, sie mit moralischen Vorhaltungen davon abzubringen oder sie umzustimmen, könnten unsere Anstrengungen im Sande verlaufen, denn gerade dieser Transit ist durch radikale Veränderungen gekennzeichnet.

Charakteristisch für diese Phase ist das Wiederauftauchen traumatischer Erinnerungen, die mit unserer Kindheit verknüpft sind. Falls wir damals die schmerzhafte Erfahrung einer Misshandlung gemacht haben (mit oder ohne sexuelle Handlungen), dann ist oftmals unter dem Einfluss von Lilith-Transiten der Moment gekommen, in dem dies alles wieder in uns aufsteigt, große Schmerzen verursacht und seit langem unterdrückte Gefühle zum Vorschein bringt. Innerhalb dieses Zeitraums wird die Auseinandersetzung mit den Traumata unserer Kindheit unvermeidlich. Es ist möglich, dass eine Therapie notwendig sein wird, um uns hilfreich bis zum Ende des Tunnels zu begleiten, in dem wir uns momentan befinden. Solche Entwicklungen werden normalerweise auch von anderen wichtigen Transiten begleitet: Oft spielt Pluto gemeinsam mit dem Schwarzen Mond die Hauptrolle bei solchen Prozessen.

Lilith im Transit zu den Planeten

Lilith Konjunktion Sonne

Radikale Entscheidungen, zu denen uns bislang der Mut gefehlt hat, könnten während dieses Transits getroffen werden. Unsere momentanen Pläne und Absichten resultieren vor allem aus einem Gemütszustand der Verweigerung und Unduldsamkeit. Die Phase, die wir zur Zeit durchmachen, wird keinesfalls leicht zu bewältigen sein. Frauen können, falls sie einige Enttäuschungen im Gefühlsleben erfahren haben, keine große Lust mehr haben, sich wieder mit Männern einzulassen – wenigsten für einen gewissen Zeitraum. Manche Frauen berichten, dass sie unter diesem Transit schon allein der Gedanke an Männer mit Abscheu erfüllt. Sie ertragen einfach die Rechthaberei dieser Paschas nicht mehr, ihre Furcht davor, ihre wahre Natur zu offenbaren, ihre ständige Trennung von Sex und Gefühl, ihre Angst vor Verbindlichkeit.

Frauen, die bisher in einer stressigen Beziehung gelebt haben, fühlen sich unter dem Transit genervt und ausgepowert. Die ewigen Kämpfe um ihr gutes Recht und die Verteidigung ihrer Persönlichkeit haben sie zermürbt, bis schließlich alles in einem Aufschrei der Wut und des Schmerzes explodiert: »Es reicht!« Sie halten es nicht länger aus. Ohne sich dessen bewusst zu werden, sind sie von ganz allein zu dieser Feststellung gelangt, und es fällt ihnen im Traum nicht mehr ein, diese ausgetretenen Pfade noch einmal zu beschreiten.

Manche fühlen sich mit der Männerwelt im Kriegszustand und haben daher beschlossen, dass kein Mann mehr die

Schwelle ihrer Haustür überschreiten wird. Das bedeutet keineswegs, dass in ihrem Innern ohne die Liebe eines anderen Menschen nur noch ein Gefühl der Leere herrscht, das es zu betäuben gilt. Aber unter diesem Transit sitzen die Verletzungen und der Zorn immer sehr tief. Vorerst ist es besser, in dieser Phase die Vergangenheit ruhen zu lassen und einen Teil des Weges allein zu gehen. Wenn wir erst einmal Kraft geschöpft und Vertrauen in uns selbst gewonnen haben, dann ist immer noch Zeit genug, erneut darüber nachzudenken. Doch fürs Erste ist es ratsam, sich aus dem aufreibenden Kampf der Geschlechter herauszuhalten.

Auch wenn für weibliche Horoskopeignerinnen, die unter diesem Transit ihre Schwierigkeiten mit dem anderen Geschlecht haben, der Bruch mit der Männerwelt nicht vollständig stattfindet, werden sie immerhin manche Dinge im Verhältnis zu Männern ändern. Denn dies ist der geeignete Zeitpunkt für die von ihnen als notwendig erkannten Veränderungen.

Für die männlichen Horoskopeigner bricht ebenfalls eine heikle Phase an. Und auch für sie wird die Thematik dieses Transits das schwierige Verhältnis zwischen den Geschlechtern sein. Die Beziehungen zu Frauen werden sich als Folge dieser Konstellation problematischer als sonst gestalten. Es hat den Anschein, als ob sie sich auf dem Kriegspfad gegen sie befänden.

Es kann sein, dass es ihnen so vorkommt, als stehe die ganze Welt Kopf. Einige Frauen in ihrer Umgebung richten irgendwelche Forderungen an sie, und wie es scheint, sind diese entschlossen, alles zu unternehmen, um Erfolg zu haben. Es kann beispielsweise so beginnen, dass die Kollegin im Büro es sich in den Kopf gesetzt hat, ihnen »eins auszuwischen«.

Unter allen Umständen will diese Frau beruflich weiterkommen und die verantwortungsvolle Stelle besetzen, die sie sich durch zahlreiche Überstunden und andere Opfer erarbeitet haben. Die eigene Ehefrau, die möglicherweise bis zu diesem Zeitpunkt nur für den Haushalt zuständig war, kommt aus heiterem Himmel auf die Idee, wieder eine Arbeit anzunehmen, und setzt sich endgültig mit ihrer Forderung durch, dass auch der Ehemann einen Teil der Hausarbeit erledigen soll. Die eigene Tochter trägt dazu bei, ihnen das Leben schwer zu machen. Sie plant vielleicht, die Schule zu beenden und im Ausland zu arbeiten. Bei manchen meldet sich täglich die Mutter, um sich über den Vater zu beschweren. Sie versucht, sie auf ihre Seite zu ziehen, und riskiert es somit, ihre einzige noch funktionierende Beziehung zu kompromittieren. All diese weiblichen Gestalten erinnern eher an ein Heer von aufgebrachten Erinnyen und nicht so sehr an Vertreterinnen des »schwachen Geschlechts«. Doch diese Veränderungen im Verhalten der weiblichen Personen in ihrer Umgebung sind lediglich der Katalysator für wesentlich wichtigere Entwicklungen. Es sind die Ansichten und Erwartungen des Horoskopeigners hinsichtlich Frauen, die dabei sind, sich zu verändern. Freiwillig oder unfreiwillig wird er durch das Benehmen der ihn umgebenden Frauen zur Übernahme neuer Sichtweisen gedrängt.

Wenn ein Horoskopeigner bislang ein chauvinistisches Verhalten gegenüber Frauen an den Tag gelegt hat oder seine Vorstellungen zum Verhältnis von Mann und Frau von herkömmlichen Schemata geprägt waren, die er unter keinen Umständen aufgeben will, dann stehen ihm vermutlich immer häufiger Auseinandersetzungen mit dem weiblichen Geschlecht bevor. Geben ihm derartige Zwischenfälle dagegen Anlass zur Reflexion über sein bisheriges Benehmen den Frauen gegenüber und ist er bereit, es zu ändern, so wird dieser Transit keinerlei unliebsame Auswirkung für ihn haben. Das gilt auch, wenn das Radix-Horoskop des Horoskopeigners harmonische Beziehungen zwischen den Planeten Venus und Mond oder eine Konjunktion oder ein Sextil von Sonne zur Venus, ein Sextil von Sonne zu Mond sowie harmonische Verbindungen zwischen Mond oder Venus zu Jupiter aufweist. Solche Aspekte in einem männlichen Horoskop deuten auf eine positive Einstellung den Frauen gegenüber hin.

Eine weitere Manifestation des Lilith-Transits in Konjunktion zur Sonne besteht im Auftauchen von Problemen mit denjenigen Menschen, die in unserem Leben eine autoritäre Funktion innehaben. Unsere Reaktion wird durchaus positiv sein. Es wird uns bewusst, dass wir diesen Personen standhalten können, ohne uns bevormunden oder einschüchtern zu lassen.

Den männlichen Horoskopeignern wird dieser Transit bewusst machen, welche Rolle der Vater in der Entwicklung ihrer männlichen Identität gespielt hat. Die Auseinandersetzung mit dieser Thematik kann sehr schmerzhaft sein und kann viel Energie bei der Loslösung vom väterlichen Vorbild kosten.

Lilith in harmonischem Aspekt zur Sonne

In diesem Zeitraum beginnen die Männer ihre Rolle als Mann in Frage zu stellen. Bisher haben sie versucht, sich möglichst hart und männlich zu geben, und so getan, als würden sie über den Dingen stehen oder versucht, den sensiblen Teil ihrer Persönlichkeit zu verbergen, weil sie es nicht vermochten, ihn in eine von Männern dominierte Welt, in eine rücksichtslose Ellbogengesellschaft zu integrieren. Jetzt bricht dagegen eine Zeit an, wo sie sich nicht mehr wiedererkennen. Dieser Prozess wird verstärkt, wenn die transitierende Lilith gleichzeitig auch weibliche Radix-Planeten beeinflusst oder wenn Jupiter oder Neptun harmonische Transite zu Mond oder Venus bilden. Die ursprünglich kreativen Seiten ihrer Persönlichkeit wollen endlich ausgelebt werden, drängen an die Oberfläche und kratzen an der harten Schale, die sie sich zugelegt haben.

Vielleicht ist dieser Bewusstwerdungsprozess das Resultat von Kämpfen und Konflikten in ihrem Gefühlsleben. Schmerzhafte Erfahrungen wie zum Beispiel der Verlust der Lebensgefährtin, die sich auf und davon gemacht hat, weil sie die Verweigerung der verbindlichen und gefühlsbetonten Seite nicht mehr ertragen konnte, haben männlichen Horoskopeignern die Augen geöffnet. Sie haben ihre Lektion gelernt und setzen alles daran, sich zu verändern und in Kontakt mit ihrer Anima zu treten. Es ist denkbar, dass der Beginn durch Rückfälle in stereotype Verhaltensmuster gekennzeichnet ist. Und es sollte auch klar sein, dass ein solcher Prozess nicht ohne einen gewissen Leidensdruck vonstatten gehen kann. Die Berührung mit dem verletzlichsten Teil seiner selbst bedeutet auch, dass man angreifbarer wird. Andererseits kann dadurch eine Energie freigesetzt werden, die das Leben bereichert. In dieser Phase stellen Männer die Rolle in Frage, die ihr Vater bei der Erziehung und der Herausbildung ihrer männlichen Identität gespielt hat. Nach und nach distanzieren sie sich von dem männlichen Image, das ihnen vermittelt worden ist. Es wird ihnen bewusst, dass sich die traditionellen Rollen von Mann und Frau seit ihrer Jugend stark verändert haben.

Was während der Kindheit für ihre Mutter noch unmöglich war, ist für die moderne Frau geradezu normal geworden. Mittlerweile sind die Männer heutzutage weit genug gereift, um das zu akzeptieren. Hatten sie früher noch Angst, ihrer Partnerin das Recht auf Selbstverwirklichung außerhalb der eigenen vier Wände einzuräumen, so scheint ihnen das heute selbstverständlich. Deswegen bringt dieser Transit eine erhebliche Veränderung in der Auseinandersetzung mit der geschlechtlichen Rolle nur bei denjenigen Horoskopeignern, die sich bisher sehr traditionell in der Partnerschaft verhalten haben.

Einige Jahrzehnte sind vergangen, seit die Feministinnen ihre ersten Forderungen gestellt haben, und dennoch sind die Beziehungen zwischen Mann und Frau noch immer von ungelösten Konflikten belastet. Die Mehrheit der Frauen fühlt sich nicht mehr länger dazu imstande, das anmaßende und aggressive Verhalten zu tolerieren, das viele Männer Frauen gegenüber noch immer an den Tag legen. Unter diesem Transit wird bei den Frauen verstärkt das Bedürfnis verspürt, sich von partnerschaftlichen Beziehungen zu lösen, die keinen Freiraum und Respekt bieten. Die Zeit ist reif für die Entscheidung, den Weg allein fortzusetzen.

Unabhängig von ihrem Alter sind manche Frauen – unter dem Einfluss von Lilith im Aspekt zur Sonne – zu dem Entschluss gelangt, dass sie – falls ihr Partner sie nicht versteht und ihre Gefühle nicht respektiert – das Band zwischen sich und ihm zerreißen. Was sie möglicherweise daran erstaunen mag, ist die Tatsache, dass ihnen diese Entscheidung überhaupt nicht schwer fällt, sondern sie sich vielmehr erleichtert fühlen, sich endlich zu diesem Schritt durchgerungen zu haben. Vielen Horoskopeignerinnen erscheint das Leben als Single mit seiner lang ersehnten Freiheit wie eine verlockende Fata Morgana, wie ein Waffenstillstand im Kampf der Geschlechter. Wenn sie wirklich in der Lage sind, all ihren Mut zusammenzunehmen und künftig allein zu leben, dann genießen sie ihre Situation auch. Um den Kampf wieder aufzunehmen, ist später noch Zeit genug. Jetzt sollten die Horoskopeignerinnen, die wegen einer mühsamen Partnerschaft ihre wahre Natur unterdrückt haben, erst einmal versuchen, sich zu erholen und das große Potential zu aktivieren, das in ihrer Persönlichkeit verborgen liegt.

Aber dieser Transit könnte sich auch auf ganz andere Weise auswirken. Es könnte eine vollkommen neue Art von Mann im Leben einer Frau, die von diesem Transit beeinflusst wird, auftauchen, was sich darin äußern mag, dass er dem Dialog mit dem anderen Geschlecht wesentlich offener gegenübersteht – ein Mann, der für sich schon seit einiger Zeit das männliche und weibliche Rollenverhalten in Frage gestellt hat. Er gehört nicht zu denen, die sich als Herren des Universums empfinden, sondern der dazu bereit ist, seiner Partnerin das Recht auf Gleichheit zuzugestehen. Er könnte ein Mann sein, der keine Angst empfindet, Frauen gegenüber über seine Gefühle und Empfindungen offen und ehrlich zu sprechen und der das Weibliche nicht als etwas Bedrohliches erlebt.

Auch die Rolle, die der Vater im Leben der Horoskopeignerinnen gespielt hat, wird von ihnen nun hinterfragt. Dieser Transit löst viele Knoten aus der Vergangenheit und betrachtet die Beziehung zum eigenen Vater unter einem anderen Licht – im Guten wie im Bösen. Wenn die Beziehung zu ihm positiv verläuft, kann die Auswirkung dieses Transit die Bindung zu ihm durch wichtige Gespräche oder gemeinsame Erlebnisse intensivieren.

War er zu streng und repressiv, so werden die Horoskopeignerinnen dem Vater nicht länger verzeihen, zumal sein Verhalten ihre Einstellung zum anderen Geschlecht entscheidend beeinflusst hat. Ihr Wunsch nach Alleinsein kann auch aus der wütenden Einstellung resultieren, die sie zur Zeit dem Vater gegenüber empfinden.

Sinnliche Erlebnisse sind unter diesem Transit für die männlichen und weiblichen Horoskopeigner begünstigt, da die Sexualität frei und ungezwungen ausgelebt wird.

Lilith im Spannungsaspekt zur Sonne

Eine mögliche Wirkung dieses Transits kann darin bestehen, dass in unseren schon existierenden Beziehungen ein vollkommenes Durcheinander ausbricht. Streitigkeiten und aggressive Reaktionen könnten die Folge schon seit langem bestehender Schwierigkeiten sein. Spätestens bei dieser Gelegenheit wird uns klar, dass zwischen uns und unseren Partnern ein Abgrund klafft. Das gegenseitige Unverständnis könnte von Tag zu Tag zunehmen und unser Leben in eine Hölle verwandeln. Spannungsaspekte zwischen Lilith und der Sonne führen uns zu Konflikten mit unseren Partnern, die wegen ihrer Heftigkeit an den mythologischen Streit zwischen Adam und seiner ersten Frau erinnern.

Unter diesem Transit ist nun der passende Augenblick gekommen, um eine aufrichtige Bestandsaufnahme zu machen. Vielleicht werden wir dabei zu der Einsicht gelangen, dass wir unseren Lebensgefährten nichts mehr zu sagen haben. Die jeweiligen Bedürfnisse sind so verschieden, dass wir unsere eigenen unterdrücken müssten, um die des Partners zu befriedigen – und umgekehrt. Ein weiteres Zusammenleben käme der Aufgabe eines lebenswichtigen Teils unserer Persönlichkeit gleich. Es empfiehlt sich darüber nachzudenken, ob uns das die Sache wirklich wert ist.

Eine weitere, sehr unangenehme Folge des Transits könnte sein, dass sich der in unserer Beziehung latent vorhandene Sadomasochismus Bahn bricht. Dies wird der Fall sein, wenn im Radix-Horoskop eine Tendenz besteht, die uns solche Art von Beziehungen anziehen lässt.

Es ist möglich, dass in dieser Phase ein bestimmtes Ereignis unser gesamtes Leben erschüttert. Das könnte unter anderem in der Trennung von unseren Partnern zum Ausdruck kommen, besonders, wenn auch andere Transite zur Venus bestehen oder wenn das 7. Haus und sein Herrscher von Transiten beeinflusst werden. Es kann sein, dass wir diese Trennung vielleicht gar nicht gewollt haben, sie aber alle Konsequenzen mit sich bringt, die zu einem Auseinandergehen gehören. Der Verlust dieses Menschen könnte in unserem Leben eine auszufüllende Leere hinterlassen. Wenn bei den weiblichen Horoskopeignerinnen eine Rivalin der Grund der Trennung gewesen sein sollte, dann werden Enttäuschung und Verzweiflung noch viel stärker sein, denn wenn Lilith die Rolle einer dritten Person in unserem Privatleben übernimmt, wird diese Frau uns viel Schmerz verursachen, weil sie einen mächtigen Einfluss auf unseren Partner ausüben wird. Dieser Transit führt auch dazu, dass wir uns regelrecht gedemütigt fühlen, weil man uns einen anderen Menschen vorzieht, und wir dadurch in eine Lage gedrängt werden, in der uns Zweifel an unserer eigenen Sexualität kommen. Bei den männlichen Horoskopeignern kann die Begegnung mit einer faszinierenden Frau zu Entscheidungen führen, die ihre festen Partnerschaften ernsthaft gefährden können.

In beiden Fällen kann die Liebe in Hass und Rachegelüste umschlagen. Eine gewalttätige Aggressionsbereitschaft könnte sich in uns einnisten. Wir sollten diese jedoch auf keinen Fall unterdrücken. Denn wenn sich diese Wut erst einmal gegen uns selbst richtet, wären die Folgen verheerend. Die unterdrückten Gefühle würden wie ein Gift wirken, und ein Zusammenbruch, gefolgt von körperlichen Beschwerden, wäre die Konsequenz. Dagegen würde die schonungslose Konfrontation und die anschließende konstruktive Kanalisierung der Probleme, unter denen wir leiden, uns dabei helfen, den Schmerz zu lindern, der uns so heftig quält.

Vielleicht kommt es auch zu Auseinandersetzungen mit Menschen, die in unserem Leben eine autoritäre Stellung einnehmen. In immer übertriebenerer Weise macht sich der Druck bemerkbar, den diese Personen auf uns ausüben. Um uns durchzusetzen, müssen wir all unsere Kräfte sammeln; andernfalls werden wir einfach überrannt. Diese unangenehme Auswirkung wird auf jeden Fall durch einen gleichzeitigen Transit von Saturn zur Sonne verstärkt.

Lilith Konjunktion Mond

Charakteristisch für diesen Zeitraum ist die Rückkehr nach unten, in die abgründigen Tiefen der archetypischen Psyche der Frau. Wir streben mit allen Kräften danach, die instinktive, ursprüngliche und unberührte Natürlichkeit wieder zu entdecken, eine Natürlichkeit, die nicht durch ein jahrhundertelanges Patriarchat beeinträchtigt oder gar zerstört worden ist.

Weibliche Horoskopeignerinnen werden ein Verlangen verspüren, mehr als bisher ihre Zeit mit anderen Frauen zu verbringen und mit ihnen befreiende Erfahrungen zu teilen. Es ist möglich, dass sie das Bedürfnis haben, sich einer Bewegung oder Organisation anzuschließen, die sich mit den Problemen von Frauen befasst, wie zum Beispiel mit der Frage des Schwangerschaftsabbruchs oder dem Prozess der weiblichen Bewusstwerdung. Das Interesse für ökologische Fragen könnte dagegen ein Ansporn für sie sein, sich in einer Umweltbewegung kämpferisch zu engagieren. Die tiefe Wunde der Mutter Erde kann man unter diesem Transit nicht mehr übersehen, und wenn die Radix Aspekte und Platzierungen enthält, die auf eine wahre Liebe zur Natur und genug Kämpfergeist hinweisen, wird ein Engagement in diese Richtung nicht auszuschließen sein.

Bei diesem Transit ist es möglich, dass man im Arbeitsleben mit Traumata aus der Kindheit konfrontiert wird, die Frauen oder Kinder als Opfer von inzestuösen Handlungen oder Gewalt erlitten haben. Leiden wir selbst unter derartigen Traumata, so wird es uns zu einem dringenden Bedürfnis, unser Leid und unsere Erlebnisse mit Frauen zu teilen, die Ähnliches durchgemacht haben, um mit ihnen gemeinsam unsere Erfahrungen zu verarbeiten. Die für diesen Transit charakteristischen Empfindungen sind äußerst zwiespältig und größtenteils auch schmerzvoll, da eine Lawine von Kindheitserinnerungen losgetreten wird. Ungelöste Konflikte aus der Vergangenheit stürzen mit aller Macht auf uns ein.

Wut, Schmerz und Ohnmacht führen uns erneut das Kind vor Augen, das wir einmal gewesen sind. Einfach wird dieser Prozess nicht werden, zumal wir gerade erst an seinem Anfang stehen. Wahrscheinlich werden wir psychotherapeutische Unterstützung in Anspruch nehmen müssen. Besser wäre es, wenn wir diese von einer Frau erhalten würden, die uns auf der Reise in die Tiefen unserer Seele einfühlend begleitet.

Die Beziehung zur Mutter könnte sich in diesem Zeitraum kritisch gestalten. Frauen werden sich gerade jetzt vom überkommenen Bild der Weiblichkeit trennen, das sie ihnen vermittelt hat. Sie träumen keineswegs davon, in ihre Fußstapfen zu treten. Was sie zur Zeit benötigen, ist eine wirkliche und vollständige Distanzierung von ihrer Art des Frauseins. Darum suchen sie nach Erfahrungen, die denen ihrer Mutter geradezu entgegengesetzt sind. Diese Suche bezweckt die tiefstmögliche Verwirklichung ihres Selbst und nicht etwa die typische Art und Weise der Selbstverwirklichung, die die Gesellschaft vom weiblichen Geschlecht normalerweise erwartet. Einsamkeit und Unverständnis von Seiten der anderen könnten die Folge sein, doch wollen und können sie den einmal begonnenen Prozess nicht mehr aufhalten.

Wenn in männlichen Radix-Horoskopen Aspekte des Mondes sind, die auf ein schwieriges Verhältnis zur Mutter hinweisen, wird der Einfluss dieses Transits die Beziehung zu ihr noch erschweren. Die Mutter kann despotischer als sonst erscheinen und sehr einengend wirken. Vielleicht trachtet sie danach, jeden Ausbruchsversuch des Sohnes im Keim zu ersticken. Die Mittel, die sie anwendet, um sich in sein Leben einzumischen, können bis zum Äußersten gehen. Sie reichen von Erpressungen über Manipulationsversuche und die Vermittlung lästiger Schuldgefühle mit Hilfe moralisierender Vorhaltungen bis hin zu Vortäuschungen nicht existierender Krankheiten. Falls er verheiratet ist, ist es möglich, dass die Mutter es darauf anlegt, sich in seine Ehe einzumischen oder seine ganz persönlichen Entscheidungen zu beeinflussen. Es gibt keinen Weg, dieser Konfrontation zu entkommen. Doch trägt sie unweigerlich zu innerem Wachstum bei und führt dazu, dass der Sohn die Nabelschnur, die ihn noch immer mit seiner Mutter verbindet, durchtrennt. Widerstand gegen diesen unvermeidlichen Prozess würde bedeuten, dass er für den Rest seines Lebens der Sklave ihrer Herrschsucht bliebe. Um diese Aussage zu verwirklichen, sollten im Radix-Horoskop des Sohnes Aspekte zwischen Mond und Lilith, Mond und Pluto oder Mond und Mars vorhanden sein.

Generell sind bei männlichen Horoskopeignern die Beziehungen zum weiblichen Geschlecht in dieser Phase nicht die besten. Der ewige Konflikt zwischen Mann und Frau wird noch deutlicher zutage treten. Hat sich der Horoskopeigner Frauen gegenüber bislang zumindest nach außen als verständnisvoll oder entgegenkommend erwiesen, weil er den Vorstellungen entsprechen wollte, die man sich über den modernen Mann von heute macht, und kann er es dennoch gleichzeitig nicht verkraften, dass seine Partnerin sich anders verhält als seine Mutter und

Großmutter, dann wird er ihren Wutausbrüchen nicht entgehen. Wenn aber Frauen für ihn nur als Mütter, Ehefrauen, Geliebte oder Prostituierte vorkommen, kann er nun seiner Liste noch ein weiteres Stereotyp hinzufügen: die rasende Verrückte. Und zu den angenehmsten Bekanntschaften wird sie ganz gewiss nicht gehören.

Da Lilith keine Beschützerin der Mutterschaft ist, wird jeder Kontakt von Lilith zum Mond als ungünstig für die Schwangerschaft betrachtet. Es ist oft festgestellt worden, dass sich bei diesen Transiten trotz aller Versuche kein Nachwuchs einstellt. Dies könnte physiologische Ursachen haben, weshalb ein Arztbesuch ratsam wäre. Falls es jedoch keinen physiologischen Grund geben sollte, ist es ratsam, anstatt sich unter Stress zu setzen und ständig Versuche ohne Ergebnis zu wagen, einfach das Ende dieses Transits abzuwarten.

Lilith in harmonischem Aspekt zum Mond

Sextile und Trigone von Lilith zum Mond korrespondieren mit einem Bewusstwerdungsprozess in Bezug auf unser Mannsein/Frausein sowohl in privater als auch in gesellschaftlicher Hinsicht. Während dieser Phase haben wir ein Bedürfnis, die wahren Werte zu entdecken, die uns dazu veranlassen, uns mit dem Kern unseres Wesens auseinander zu setzen.

Die Konfrontation der weiblichen Horoskopeigerinnen mit ihrer Mutter und die darauf folgende Distanzierung von ihr charakterisieren diesen Zeitraum. Frauen werden sich darüber klar, dass die Art und Weise, in der sie bisher als Frau gelebt haben, das Ergebnis einer Identifikation mit der Weiblichkeit ihrer Mutter gewesen ist. Die schmerzlichen Erfahrungen im Gefühlsleben, die sie in der Vergangenheit durchgemacht haben, waren die Frucht der Unterdrückung ihrer eigenen authentischen Ausdrucksweise in ihrer Kindheit.

Wenn sie bis jetzt immer das Gefühl gehabt haben, gar nicht

richtig zu leben, so werden diese Frauen vermutlich das Verlangen verspüren, eine unverfälschtere Lebensweise auszuprobieren, die weit entfernt ist von dem Beispiel ihrer Mutter. Um dieses Ziel auch wirklich zu erreichen, müssen sie sich psychologisch von ihrer Mutter lösen. Das soll jedoch nicht heißen, dass dies auch unbedingt eine absolute räumliche Trennung beinhalten muss. Aber es ist von lebenswichtiger Notwendigkeit für ihr inneres Wachstum, für eine gewisse Zeit der Mutter gegenüber auf Distanz zu gehen.

Ein neues Bild der Weiblichkeit entsteht in ihnen und wartet nur darauf, entdeckt und ausgelebt zu werden. Es ist ihr Wunsch, so stark zu sein, dass sie Bindungen eingehen können und gleichzeitig unabhängig und frei bleiben. Diese Horoskopeignerinnen wollen endlich Schluss machen mit den verschiedenen weiblichen Rollen, die sie von ihrer Mutter und Großmutter übernommen haben. Auch wenn wir Frauen uns emanzipiert haben, behalten wir doch im Hinterkopf bestimmte Konditionierungen unserer Erziehung.

Mit aller Kraft streben Frauen verschiedener Altersgruppen unter diesem Transit danach, endlich ihr tiefstes Selbst zu verwirklichen – egal ob es sich um eine Achtzehnjährige handelt, die gerade mit ihrer weiblichen Identität experimentiert oder um eine ältere Frau, die das Leben von vorn anfangen möchte. In beiden drängt die große Lust auf mehr Authentizität.

Allerdings können sie entsprechende Erfahrungen ausschließlich in der Einsamkeit machen. Bei allen Transiten von Lilith zum Mond sind schöpferische Tätigkeiten wie Malen, Musizieren, Gedichte schreiben, Tanzen und Fotografieren dazu geeignet, zu sich selbst zu finden. Ganz auf sich gestellt, wird es ihnen am gründlichsten gelingen, ihren wahren Geist und ihre tiefsten Bedürfnisse zu erfahren. In diesem Zeitraum werden sie ein niemals nachlassendes Verlangen entwickeln, ihr Leben selbst in die Hand zu nehmen.

Es ist denkbar, dass sich die Horoskopeignerinnen nach langen inneren Konflikten im Zusammenhang mit der zwiespältigen Frage, ob sie Mutter werden sollen oder nicht, dazu entschließen, ihre Karriere weiter zu verfolgen und auf die Erfahrungen, die man als Mutter sammeln kann, zu verzichten. Bei dem Sextil und bei dem Trigon vollzieht sich dieser Prozess nicht schmerzhaft wie der Verzicht unter den herausfordernden Transiten. Wenn keine problematischen Transite, die die Radix weiter beeinflussen, stattfinden, wird diese Entscheidung als richtig empfunden, denn wahrscheinlich reizen sie andere Ziele mehr als das Familienleben.

Unter diesem Transit üben Frauen einen starken Einfluss auf männliche Horoskopeigner aus. Diese fühlen sich von ihnen angezogen und suchen die Nähe eines weiblichen Wesens. Die Faszination, die diese Geschöpfe ausstrahlen, kommt ihnen unwiderstehlich vor. Doch Männer sollten nicht versuchen, unter dem Einfluss von Lilith-Transiten Frauen zu dominieren. Ein Mann, der das andere Geschlecht wirklich mag, wird unter der Energie dieser Konstellation zauberhafte Erfahrungen mit den Frauen durchleben.

Lilith im Spannungsaspekt zum Mond

Unter diesem Transit machen wir eine sehr kritische Zeit durch. Die Auseinandersetzung mit sich selbst, mit der eigenen Gefühlswelt und mit der weiblichen Dimension des Daseins im Allgemeinen ruft in uns Unbehagen hervor.

Da Lilith ein feindliches Prinzip für die Mutterschaft, Schwangerschaft und Empfängnis darstellt, müssen diejenigen Frauen, die noch nicht Mutter sind und zur Zeit den heftigen Wunsch nach einem Kind verspüren, wahrscheinlich feststellen, dass die Natur ihnen dabei keineswegs behilflich ist. Schwierigkeiten bei der Empfängnis könnten die Ursache für depressive Zustände sein. Besonders wenn zusätzliche ähnliche Faktoren – wie die Transite von Saturn oder Pluto zu Mond, zu Venus oder zum Herrscher des 5. Hauses – die Radix beeinflussen. Zwar könnte die Ursache dafür organischen Ursprungs sein, doch sind psychische Gründe wahrscheinlicher. Möglicherweise ist eine ambivalente Empfindung daran Schuld, da sie einerseits das Bedürfnis verspüren, Mutter zu werden, auf der anderen Seite aber glauben, für diesen Schritt noch gar nicht reif genug zu sein. Diese Blockade könnte – unbewusst – aus der Verweigerung herrühren, die eigentliche biologische »Pflicht« einer jeden Frau zu erfüllen, besonders dann, wenn die anderen, der Ehemann oder die Familie, es von ihnen erwarten und stets signalisieren.

Eine weitere Möglichkeit mag darin bestehen, dass sie auf eine beunruhigende innere Vision gestoßen sind, von deren Existenz sie bisher noch nichts geahnt hatten. Als ob sie in einen Spiegel geschaut hätten, haben sie etwas erblickt, das sie innerlich aufgewühlt hat. Denn was sie sahen, war nichts anderes als das bedrohliche Porträt ihrer Mutter. Diese beunruhigende Gestalt ist der dunkle und in der weiblichen Psyche nicht integrierte Teil einer jeden Frau. Jede Mutter ist ihren Kindern gegenüber wohlwollend, freigiebig und verständnisvoll und kann sich gleichzeitig doch auch böse, unterdrückend und einengend verhalten. Dieses Bild ihrer eigenen Weiblichkeit, auf das sie jetzt gestoßen sind, könnte ein Trauma und die darauf folgende biologische Blockade verursacht haben. Ihren Wunsch nach Mutterschaft können sie erst dann verwirklichen, wenn sie lernen, die beiden gegensätzlichen Seiten ihres Innersten zu vereinen. Nur indem eine Frau sich intensiver mit den Aspekten ihrer Persönlichkeit befasst, die bislang im Dunkeln verborgen lagen, wird sie sich ihrer Selbst stärker bewusst. Was sie sehr erschreckt hat, wird nach seiner Integration ihrem Wunsch nicht mehr im Wege stehen, ihren Kindern eine richtige, unersetzliche Mutter zu sein. Die Begegnung mit der Schattenseite ihrer Weiblichkeit wird einer Frau auch dann nicht erspart bleiben, wenn sie bereits Mutter ist oder gar keine Kinder will.

Immer wird dieser Frau die Gestalt der eigenen Mutter als

zwiespältig erscheinen, und es wird ihr Probleme bereiten, sich weiterhin mit einer Frau zu identifizieren, die ihr plötzlich so fremd geworden ist. Eine weitere Konsequenz dieses Transits, wenn er von ähnlichen Transiten begleitet wird, könnte aber auch der Verlust der Mutter sein, ob sie nun stirbt oder die Tochter den Kontakt zu ihr völlig abbricht. Erst anschließend erfolgt dann die innere Distanzierung von ihr.

Die Trennung von der Mutter kann in der Psyche der Horoskopeigner beider Geschlechter ein Gefühl der Verlassenheit hervorrufen und ungelöste Konflikte, die mit ihrer Person in Zusammenhang stehen, an die Oberfläche gelangen lassen.

Wenn Lilith ihren Mond mit einem Quadrat oder einer Opposition beeinflusst, machen Männer eine sehr schwierige Zeit durch. Die Beschäftigung mit sich selbst oder mit der Welt der Frauen bereitet ihnen Unbehagen. Wahrscheinlich legen sie in dieser Phase dem anderen Geschlecht gegenüber eine Verhaltensweise an den Tag, die noch aus ihrer infantilen, mutterbezogenen Zeit stammt. Ein unbewusster, ernsthaft begründeter oder irrealer Hass auf ihre Mutter bewirkt bei diesen Horoskopeignern eine sehr zweideutige Einstellung Frauen gegenüber. Einerseits verspüren sie den Wunsch, sie zu beherrschen, zu verletzen und sich nicht von ihrer Ausstrahlung anziehen zu lassen; andrerseits können und wollen sie sich aber der von ihnen ausgehenden Erotik nicht entziehen. In beiden Fällen verspüren die Horoskopeigner eine instinktive Furcht, sich in den Beziehungen mit Frauen vollkommen zu verlieren. Sie stellen fest, dass sie ohne sie nicht leben können und wollen ihnen zur selben Zeit am liebsten aus dem Weg gehen. Dies trägt keineswegs dazu bei, das Dilemma zu lösen, in dem sie sich befinden.

In bereits bestehenden Beziehungen könnten sich die Komplikationen und Konflikte allmählich zu wahren Psychodramen ausweiten. Es ist möglich, dass einer momentanen Krise die Trennung von einer Frau vorausgegangen ist, an der der Horoskopeigner sehr hing, mit der das Zusammenleben jedoch nicht möglich war, ohne dass er sich ständig verleugnet hätte. Und obwohl er sich über die Unmöglichkeit dieser Beziehung im Klaren ist, fehlt ihm diese Frau doch sehr. Die Trennung von ihr hat in seinem Innern eine große Leere hinterlassen. Lilith-Transite haben die Fähigkeit, Unvereinbarkeiten in der Beziehung zwischen Mann und Frau ans Licht zu bringen und uns ernsthaft die Unmöglichkeit einer solchen Verbindung bewusst zu machen.

Lilith in Konjunktion zu Merkur

Oft geht dieser Transit mit starken sexuellen Trieben einher. Das Problem besteht darin, dass diese erotischen Phantasien intensiver sind als unsere körperliche Energie. Anstatt wirkliche Erfahrungen zu durchleben, spielt sich häufig alles nur in unserem Kopf ab. Gestatten wir uns unsere Tagträume, ohne uns zu schämen, denn es ist der angenehmste Weg, diesen Transit zu begehen. Diese Tendenz ist verstärkt, wenn die Planeten im Radix, die mit der Sexualität und der Erotik zusammenhängen – Venus und Mars –, in Luftzeichen stehen oder eine Verbindung zu Uranus aufweisen.

Eine unangenehme Wirkung dieses Transits könnten Ohrenbeschwerden sein, die auf Überreizungen zurückzuführen sind. Die Skala der Störungen reicht von kleineren Entzündungen bis hin zu partieller Schwerhörigkeit. Doch kann nicht ausgeschlossen werden, dass dieser Beeinträchtigung psychische Ursachen zugrunde liegen, da wir uns den Botschaften verschließen, die von außen auf uns eindringen. In diesem Fall wäre es vielleicht empfehlenswert, sich die Frage zu stellen, was es ist, das wir nicht hören möchten.

Eine weitere Auswirkung dieser Konstellation ist das Bedürfnis nach völliger Ruhe. Ein Rückzug käme uns in dieser Phase sehr gelegen, und eine Zeit in Abgeschiedenheit würde unsere Gesundheit wiederherstellen. Dies gilt besonders dann, wenn der Transit von anderen Transiten begleitet wird, die Stress auslösen, wie Uranus-Transite oder Transite des stationären Mars auf Radix-Sonne, Radix-Mond oder Radix-Merkur.

Wenn wir die Gelegenheit haben, diesen Zeitraum auf dem Land oder in einem Waldgebiet zu verbringen, könnte diese Erfahrung uns erneut mit der instinktiven und ursprünglichen Seite unserer Persönlichkeit in Berührung bringen. Die Verschmelzung mit der Natur könnte dazu führen, dass wir lernen, ihre Sprache und Botschaft zu verstehen. Die Stille würde sich in diesem Fall mit Geräuschen erfüllen, die uns modernen Menschen mittlerweile fremd geworden sind. Dies ist für uns die beste Gelegenheit, wieder Energie zu tanken.

Um zur Quelle unserer Ursprünglichkeit zu gelangen, ist in dieser Phase auch eine Lektüre zu empfehlen, die eine Verbindung zu unserer ungezähmten, wilden, verborgenen Natur herstellt, für männliche Horoskopeigner z. B. die Bücher von Robert Bly »Eisenhans« oder von Sam Keen »Feuer im Bauch« und für weibliche Horoskopeignerinnen »Die Wolfsfrau« von Clarissa Pinkola Estés.

Ein wenig angenehmer Effekt dieses Transits ist der Umstand, dass es mit den Geschwistern zu Schwierigkeiten kommen kann. Sie könnten sich von uns ausgenutzt fühlen oder uns in Familienintrigen verwickeln, denen wir uns nicht unbeschadet zu entziehen vermögen. Es ist in dieser von einer problematischen Konstellation beeinflussten Phase nicht unwahrscheinlich, dass wir das Opfer von Arglist und Betrug werden. Diese Aussage wird durch die Radix-Aspekte von Merkur zu Neptun oder zu Pluto verstärkt. In einem solchen Fall kann man gar nicht genug Vorsicht walten lassen, und es ist immer sinnvoll, sich nicht in die Machenschaften anderer hineinziehen zu lassen, sondern schon bei den ersten Anzeichen auf Distanz zu gehen. Das gilt selbst dann, wenn Menschen darin verwickelt sind, die uns viel bedeuten.

Es gelingt momentan einfach nicht, die Ideen in Handlungen umzusetzen oder das auszudrücken, was man denkt. Doch besteht die Möglichkeit, dass sich dieser Transit auch umgekehrt manifestiert: Vielleicht haben wir eine Unmenge brillanter Ideen und sind geistig völlig auf der Höhe, allerdings könnte dieser Ideenreichtum – wie der italienische Astrologe Federico Capone sich treffend zu dieser Konstellation geäußert hat – »einem Auto ähneln, das seine zugelassene Höchstgeschwindigkeit deutlich überschreitet«. Und unsere geistige Aktivität könnte uns des Nachts den Schlaf rauben. In diesem Fall wäre ein Rückzug in die Stille der Einsamkeit ebenfalls ratsam, aber auch Yoga oder autogenes Training sowie alle Techniken, die der Entspannung dienen, sind hilfreich, um diese Unruhe zu bewältigen.

Lilith in harmonischem Aspekt zu Merkur

Jetzt endlich bricht eine positive Zeit an, um die geistige Klarheit wiederzuerlangen, falls sie uns in der Vergangenheit abhanden gekommen ist. Unsere rednerischen Gaben werden sich verbessern, so dass wir in Diskussionen hervorstechen werden, besonders wenn es um komplizierte Zusammenhänge geht. Scharfsinn und Einfallsreichtum werden ebenfalls von diesem Transit positiv beeinflusst. Es ist möglich, dass wir in uns eine kreative Ader entdecken und mit der Schriftstellerei beginnen. Jetzt sind die Gedanken schöpferischer als sonst. Es gelingt uns, in aller Klarheit und Vernunft flüssige Gedankengänge zu entwickeln, wobei wir gleichzeitig Intuitionen haben und unserem Instinkt folgen. Unser Intellekt wird von unseren Emotionen stimuliert. Wir können uns in jeder Diskussion Geltung verschaffen und geben dabei deutlich zu verstehen, dass wir nicht gewillt sind, die Ideen anderer unhinterfragt zu übernehmen oder uns manipulieren zu lassen. Eher sind wir jetzt diejenigen, die dazu neigen, andere zu beeinflussen und sie auf subtile, listige Art und Weise dazu zu bringen, unsere Wünsche zu erfüllen.

In dieser Zeit fühlen wir uns wesentlich kämpferischer als sonst. Ohne große Anstrengung gelingt es uns, unsere Rechte durchzusetzen. Die Waffe, mit der wir uns in vortrefflicher Weise verteidigen, ist das Wort. Wir verstehen es, überzeugend zu wirken, auch ohne dabei die Lautstärke anzuheben. Vor allem ist es die Art, in der wir unsere Meinung zum Ausdruck bringen, womit wir Eindruck machen und uns Respekt verschaffen. Es ist eine geeignete Zeit, um mit unseren Nächsten alle Probleme zu beseitigen, die bislang ungelöst geblieben sind und unsere Beziehungen belastet haben.

Die Neugier auf das Unbekannte, Unentdeckte treibt uns mitunter in bizarre oder heikle Situationen. Besonders die Erotik könnte in dieser Zeit eine etwas morbide Anziehungskraft auf uns ausüben. Es ist durchaus denkbar, dass wir die ernsthafteren Dinge, über die wir während des Tages nachdenken, zugunsten unserer verborgenen erotischen Phantasien vernachlässigen. Außerdem könnte sich ein gewisses Interesse für erotische Literatur bei uns einstellen.

Neue, auf geistiger Ebene anregende Bekanntschaften könnten unser Leben bereichern.

Lilith im Spannungsaspekt zu Merkur

Die Auswirkung dieses Transits gehört nicht zu den angenehmsten, da unsere Gedanken in diesem Zeitraum reichlich wirr sein können. Möglicherweise sind wir in Diskussionen alles andere als brillant und überzeugend. Noch schwerer wiegt der Umstand, dass wir einfach nicht über die entsprechende geistige Frische verfügen, um über Probleme nachzudenken, die in unregelmäßigen Abständen über uns hereinbrechen. Es kann jetzt des Öfteren geschehen, dass uns unpassende Kommentare entschlüpfen, die sich anschließend zu unserem Nachteil auswirken. Lehnen wir uns an unserem Arbeitsplatz besser nicht zu weit aus dem Fenster, indem wir Vorgesetzten oder Kollegen gegenüber kritische Anmerkungen machen; es könnte jemanden geben, der ein Interesse daran hat, uns daraus einen Strick zu drehen. Machtkämpfe und Schläge unter die Gürtellinie gehören zu den problematischsten Manifestationen der momentanen Konstellation.

Es ist damit zu rechnen, dass eine uns nahe stehende Person weiterkommen will, ohne dabei unsere Rechte zu respektieren. Dieser Mensch könnte sich uns gegenüber rücksichtslos oder unaufrichtig benehmen und unsere Äußerungen zu seinem Vorteil missbrauchen.

Unter dem Einfluss dieses Transits sollten aber auch wir darauf achten, unsere Ansprüche nicht auf unfaire Weise durchzusetzen. Nur so können wir verhindern, in unsaubere Machenschaften hineingezogen zu werden, die unserem Image schaden. Wir fühlen uns unter diesem Einfluss recht aggressiv, besonders wenn in unserem Horoskop die Aggressivität markant ausgedrückt ist. Der Kanal, durch den wir diese Aggressivität entweichen lassen, ist die Sprache. Wir könnten ausgesprochen brüsk auf die Menschen in unserer Umgebung reagieren und sie verletzen, falls wir unsere Worte nicht sorgfältig abwägen.

Lilith in Konjunktion zu Venus

Der Wunsch, Männer zu verführen und die Initiative im Spiel der Liebe zu übernehmen, ist für diesen Transit charakteristisch. Doch wir Frauen müssen aufpassen, diesmal müssen wir unsere Gefühle von der Lust trennen, denn dieses Verlangen ist eher körperlich und weniger von unserem Empfinden geleitet. Wir sollten diese rein sexuelle Anziehungskraft nicht mit der großen Liebe verwechseln, besonders wenn keine anderen Transite, die unsere Gefühle ansprechen, vorhanden sind.

Frauen können jetzt die Zeit genießen, in der sie an ihren Verführungskünsten arbeiten, indem sie selbst die Fäden in die Hand nehmen und erobern, statt erobert zu werden. Momentan spielen Frauen am liebsten den aktiven Part. Auf den Märchenprinzen zu warten, liegt ihnen fern, denn Prinzen können sie so viele haben, wie sie wollen. Ihre weibliche Ausstrahlung ist in dieser Phase zauberhaft. Männer erblicken in ihnen wahre Satansweiber, die bereit sind, sie in geheimnisvolle Welten einzuführen. Ihr Sex-Appeal – auch wenn sie keine Schönheiten sind – übt zur Zeit auf das andere Geschlecht ein unwiderstehliches Verlangen aus. Macht ist unter diesem Transit ein Zauberwort. Frauen, die eine markante Lilith-Stellung im Radix aufweisen, werden unter dem Einfluss des Transits etwas von einer zauberhaften Sirene ausstrahlen und sind sich dessen sehr wohl bewusst. Wahrscheinlich bereitet es ihnen Vergnügen, andere auf die Folter zu spannen, ohne ihnen jemals wirkliche Zugeständnisse zu machen. Die Gefühle spielen dabei eine untergeordnete Rolle, da sie vor allem Interesse an der Macht haben, die sie auf andere ausüben.

Sogar eher schüchterne Frauen werden nun kühner und fassen Mut, sich einem Menschen zu nähern, der sie schon seit längerem interessiert, dem gegenüber sie sich aber immer befangen gefühlt haben. Handelt es sich um unkomplizierte Frauen, so sprengen sie mit ihrer ganzen Persönlichkeit die Grenzen der Banalität.

Falls wir in einer festen Beziehung leben, gelingt es uns, unseren Partner mit einem Temperament zu überraschen, das wesentlich feuriger ist als sonst. Wenn wir uns einfach von den körperlichen Genüssen tragen lassen, werden wir neue Freuden entdecken. Daher werden wir auch diejenigen sein, die bei unseren erotischen Spielen die Regie führen. Wir sind jetzt dazu imstande, die Voraussetzungen für eine vollkommen gegenseitige sexuelle Befriedigung zu schaffen.

Falls wir keine Gelegenheit haben sollten, das sexuelle Verlangen auszuleben, das in uns aufkeimt, könnten wir möglicherweise den Wunsch verspüren, uns entsprechenden Phantasien hinzugeben, mit unserem eigenen Körper zu spielen, erotische Literatur zu kaufen oder uns einen besonders freizügigen Film anzuschauen. Alles, was die Welt der Sinne belebt, ist bei diesem Transit willkommen.

Mögliche Störungen im Genitalbereich können sich manifestieren. Sie können zwar lästig werden, aber keinesfalls bösartiger Natur sein. Ein Arztbesuch wird das Problem beheben. Sollten wir diese Beschwerden allerdings vernachlässigen, könnten sie zu einem späteren Zeitpunkt ernsthafte Komplikationen verursachen.

Ich habe schon mehrmals festgestellt, dass Frauen, die schon Kinder haben oder in deren Leben die Mutterschaft kein Thema ist, ihren Entschluss, sich unterbinden zu lassen, unter dem Einfluss des Transits gefasst haben. Niemand redete ihnen dabei hinein, sondern sie entschieden sich spontan alleine, und der darauf folgende Eingriff verlief ohne Komplikationen physischer oder psychologischer Art.

Bei Frauen, die im entsprechenden Alter sind, könnte dieser Transit mit dem Eintritt der Menopause und mit sämtlichen damit verbundenen Beschwerden zusammenfallen. Ihre innere Einstellung dieser kritischen Phase gegenüber kann natürlich auch ihren körperlichen und emotionalen Zustand beeinflussen. Eine kritisch durchlebte Menopause mit zahlreichen körperlichen Beschwerden und unter der Begleitung depressiver Zustände ist ein Symptom dafür, dass es ihnen schwer fällt, sich von ihrer Fruchtbarkeit und Jugend zu verabschieden. Das ist jedoch keine zwangsläufige Erscheinung dieses Transits, sondern hängt mit anderen Faktoren im Horoskop zusammen, die die Beziehung der Frau zu ihrer Weiblichkeit versinnbildlichen.

Für junge Mädchen kann dieser Transit dagegen den Beginn der Menstruation ankündigen. Mädchen, die schon geschlechtsreif sind, werden in diesem Zeitraum zu Frauen.

Männer lassen sich während dieser Phase ebenfalls von den sinnlichen Genüssen tragen. Auch bei ihnen ist das Verlangen eher körperlich und weniger von Gefühlen geleitet. Frauen, denen sie in diesem Zeitraum begegnen, werden äußerst verführerisch sein. Es ist durchaus möglich, dass die Horoskopeigner, die von dem Transit beeinflusst werden, stärker als sonst den Wunsch nach einem Abenteuer verspüren. Ihre bisherigen erotischen Phantasien genügen ihnen bei weitem nicht mehr. Das Verlangen nach Befriedigung ihrer Wollust könnte sich als übermächtig erweisen, während die guten Vorsätze der betreffenden Frauen zu schwach sind, um sie zu bremsen oder aufzuhalten. Eine angenehme Affäre ist nicht auszuschließen. Worauf die männlichen Horoskopeigner jedoch achten sollten, ist, der Frau nicht nur die abwertende Rolle eines Sexobjektes zuzuschreiben, denn sie würde es sich nicht gefallen lassen oder sich sogar rächen. Der Spaß, den sie gehabt haben, würde nicht ausreichen, um all die Turbulenzen zu kompensieren, die sich daraus ergeben könnten, und das schöne Abenteuer könnte sich in ein Erlebnis verwandeln, das sie am liebsten so schnell wie möglich wieder vergessen möchten.

Die Auswirkungen dieses Transits können bei Männern zwiespältiger Art sein. Falls der Horoskopeigner ein Mann ist, der – vor allem, was das Verhältnis zu Frauen und deren Rolle im Familienleben anbelangt – in Traditionen verwurzelt ist, oder falls er die Mutterschaft verherrlicht, seine eigene Bequemlichkeit liebt und es ihm nicht gelingt, zu verstehen, dass eine Frau auch andere Wünsche haben kann, als Mutter, Hausfrau und devote Ehefrau zu sein, so wird dieser Transit wenig angenehme Überraschungen für ihn bereithalten. Es ist denkbar, dass seine Partnerin gerade jetzt mutig und bestimmt damit beginnt, ihre Ansprüche geltend zu machen. Dies ist umso wahrscheinlicher, wenn sie ein Alter erreicht hat, in dem ihre Funktion als Mutter sie nicht länger ausfüllt. Er könnte in ihr eine ganz neue Frau entdecken, die mit derjenigen, die er geheiratet hat, nichts mehr gemein hat. Der Familienfrieden hängt nun ganz davon ab, wie er darauf reagiert. Verschließt er sich ihren Forderungen und ihrem Wunsch, den Freiraum, den ihr die Kinder mittlerweile lassen, mit neuen Interessen zu füllen, so ist eine Krise unvermeidbar. Akzeptiert er dagegen die Veränderungen und entwickelt auch er neue Ideen hinsichtlich der Partnerschaft und des Familienlebens, und akzeptiert er, dass seine überkommenen Gesichtspunkte, die im Grunde nur anerzogen sind und gar

nicht seiner wahren Meinung entsprechen, zur Diskussion ge-
stellt werden, so wird dies seine Liebesbeziehung bereichern.
Dann wird er in seiner Frau eine Gefährtin entdecken und keine
Konkurrentin.

Lilith in harmonischem Aspekt zu Venus

Eine sehr angenehme Erscheinung dieses Transits ist das Erwachen der Kreativität. Wir fühlen uns zu künstlerischer Betätigung angetrieben und erzielen wirklich erstklassige Ergebnisse. Wenn wir malen, werden uns sicherlich kräftige Farben
und sämtliche Abstufungen von Rot am besten gefallen. Widmen wir uns der Musik, so werden es vor allem die dramati-
schen, leidenschaftlichen oder hypnotischen Stücke sein, die
uns – wenn auch nur als Zuhörer – am meistens ergreifen.
Versuchen wir uns dagegen im Zeichnen, so sprechen uns im
Allgemeinen wahrscheinlich männliche und weibliche Akte
sowie erotische Zeichnungen an. Am wichtigsten ist momentan, dass wir unsere künstlerische Ader auch tatsächlich ausleben. Es wäre sehr schade, wenn wir sie unterdrücken würden,
da dies der geeignete Augenblick ist, um neue Talente und
verborgene Potentiale zu entdecken. Auch wenn wir keine
Künstler sind, sollten wir diesen Impuls nach schöpferischem
Ausdruck nicht ignorieren.

In unseren Liebesbeziehungen dürfte es zu keinen nennens-
werten Konflikten kommen, sofern keine anderen Transite am
Werk sind, die eine spannungsreiche Auswirkung auf unseren
Radix-Planeten (Venus, Mond, Herrscher des 7. Hauses oder
auf den Planeten im 7. Haus) haben. Solange die Rollen von
Mann und Frau nicht schematisch starr gelebt werden und beide über die Möglichkeit verfügen, sich auch abseits ausgetrete-
ner Pfade eine Ausdrucksmöglichkeit zu verschaffen, werden
wir eine anregende, nicht allzu komplizierte Zeit miteinander
durchleben. Diese Aussage gilt natürlich nicht nur für heterose-

xuelle Beziehungen, sondern auch für homosexuelle Partnerschaften, in der beide Partner auf eine gleichberechtigte Weise
miteinander leben.

Dieser Transit begünstigt all jene zwischenmenschlichen Beziehungen, die auf Zusammenarbeit und Respekt für die Individualität des jeweils anderen aufgebaut sind. Regiert aber noch
immer die Unduldsamkeit in unseren Freundschaften, weil wir
nicht in der Lage sind, unserer eigenen Persönlichkeit Ausdruck
zu verschaffen und wir uns eingeengt oder, schlimmer noch,
von der authentischen Ausdruckskraft des Partners geradezu
erdrückt fühlen, dann besteht die Möglichkeit, dass es zu Turbulenzen kommt. In einem solchen Fall könnte der hier beschriebene Transit unseren Widerstandsgeist anregen und uns
dazu anleiten, die Beziehung abzubrechen oder neue Spielregeln einzuführen.

Für alle Liebesbeziehungen ist diese Phase äußerst stimulierend. Sollte die Sexualität in der Partnerschaft bereits zur Gewohnheit geworden sein, ist jetzt der Moment des Erwachens
gekommen, unsere intime Beziehung erotischer und freier zu
gestalten als bisher. Falls sich unsere Geliebten jedoch nicht auf
unsere Wünsche einlassen oder falls wir unsere festen Partner
sexuell nicht mehr anziehend finden, könnte ein neues Problem
auftauchen. In diesem Fall wird es uns sehr schwer fallen, uns
aufzuopfern und unseren ungestümen Geschlechtstrieb zu
ignorieren. Wir könnten uns dazu entschließen, ihn in gelegent-
lichen Abenteuern auszuleben und uns darin eventuell übermäßig verstricken.

Lilith im Spannungsaspekt zu Venus

Eine mögliche Auswirkung dieses Transits könnte das Sexualleben der eigenen, noch nicht erwachsenen Kinder betreffen. In
diesem Zeitraum kann es geschehen, dass die Kinder beginnen,
mit Beharrlichkeit gewisse Fragen zu stellen, die uns in Verle-

genheit bringen, wenn wir nicht genug Offenheit für sexuelle Fragen an den Tag legen. Jugendliche Töchter könnten uns einige Probleme bereiten. Möglicherweise sind sie in sexueller Hinsicht frühreif und verlangen mehr Freiheit, als wir ihnen zugestehen können. Ständige Verbote und Kontrollen könnten die Lage nur noch stärker anspannen und die Tochter dazu bringen, sich gegen uns aufzulehnen – besonders, wenn auch die kleine Dame einen Lilith-Transit auf ihren persönlichen Planeten erlebt. Stattdessen sollten wir dagegen versuchen, den Kontakt zu ihr aufrecht zu erhalten und ihr klarzumachen, dass die Sexualität eine sehr schöne Sache sein kann, wenn man sie auf bewusste, verantwortliche Art und Weise lebt, und dass Unerfahrenheit oftmals schlimmes Unheil verursachen kann. Eine gute sexuelle Aufklärung durch uns oder einen Arzt unseres Vertrauens wird unsere Kinder vor Schwierigkeiten bewahren.

Sollten schwierige Transite von Mars oder von den geistigen Planeten die Radix-Faktoren für Liebe und Partnerschaft beeinflussen, dann könnte dieser Transit dazu beitragen, dass es während dieser Phase zu Turbulenzen im intimen Lebensbereich kommen wird. Symptome von Frigidität oder Impotenz könnten eine bereits begonnene Krise zwischen uns und unserem Partner anzeigen. Falls die Kommunikation in unserer Beziehung zu kurz kommt, falls es uns schwer fällt oder peinlich ist, über intime Fragen zu sprechen, ist es besser, sich an einen guten Sexualtherapeuten oder eine gute Therapeutin zu wenden, bevor sich unser Leiden noch verschlimmert. Hemmungen und Angst vor dem Verlust des Menschen, den wir lieben, sind die mutmaßlichen Ursachen dieser Komplikationen. Aber auch Missverständnisse könnten unser Sexualleben gefährden. Eine Therapie könnte uns bei der Klärung behilflich sein und uns dazu anleiten, das gegenseitige Vertrauen wiederzugewinnen. Falls jedoch die Krise ein Symptom dafür ist, dass die Beziehung für uns innerlich abgestorben ist, dann wird eine Trennung die einzige Lösung dieser gespannten Lage sein.

Der Einfluss dieser Konstellation schließt allerdings keineswegs aus, dass der Sex für zwei Personen zum Gegenstand von Erpressung und Machtspielen wird. Sprüche wie »ich gebe mich dir hin, nur wenn du mir versprichst, dass...« sind nicht selten zu hören. Wollen wir – in psychologischer Hinsicht – nicht abhängig von solchen niedrigen Spielen werden, dann sollten wir rechtzeitig damit aufhören und nicht zögern, uns notfalls von dem Menschen zu trennen, der uns durch ein demütigendes Verhalten manipuliert.

Doch ist es möglich, dass wir unsere eigene sexuelle Anspannung mit Aggressivität verwechseln. Vielleicht versteifen wir uns sogar geradezu darauf, andere vor den Kopf zu stoßen, nur weil wir uns unbewusst davor fürchten, uns zu sehr auf einen Menschen einzulassen, in den wir uns verlieben könnten.

Auch die Erfahrung, sich für jemanden zu interessieren, der überhaupt nicht zu einem passt, ist nicht selten beim Transit von Lilith über die Venus. Selbst wenn es keinerlei geistige Gemeinsamkeiten gibt, fühlen wir uns von diesem Menschen angezogen. Möglicherweise schämen wir uns vor uns selbst dafür, ein rein animalisches Interesse für bestimmte Personen zu empfinden und dabei jegliche Gefühlsregung außer Acht zu lassen.

Auch das Gefühlsleben könnte blockiert sein. Gefühlvolle Zuneigung und die Lust auf Nähe ist momentan wenig vorhanden. Wir verspüren eher das Bedürfnis uns zurückzuziehen, als viel Zeit mit einem anderen Menschen zu verbringen. Wir sollten dieses Bedürfnis nicht unterdrücken und vielleicht versuchen, eine Zeit lang allein zu sein und uns mit uns selbst zu beschäftigen. Die Einsamkeit hilft, uns zu erholen. Falls in unseren Beziehungen schwer wiegende Konflikte schwelen sollten, die wir überwinden möchten, können wir in der Abgeschiedenheit unsere Gedanken neu ordnen.

Wenn die Geburtskonstellationen den jetzigen Transit noch verstärken, ist eine Erkrankung oder Störung der weiblichen Geschlechtsorgane nicht auszuschließen. Aber dieser Transit kann auch mit dem Beginn des Klimakteriums zusammenfallen. Die emotionale Einstellung der Horoskopeignerin gegenüber dieser für jede Frau äußerst sensiblen Phase ist von grundlegender Bedeutung für das körperliche Wohlergehen. Eine positive Haltung hinsichtlich den Veränderungen, die das Leben mit sich bringt, könnte ihr dabei helfen, die damit verbundenen Beschwerden und Probleme besser zu ertragen.

Lilith in Konjunktion zu Mars

Mutige Entscheidungen und ein von starkem Willen geprägtes Handeln werden von diesem Transit angeregt. Nun ist ein geeigneter Augenblick, um Entscheidungen zu treffen, die uns einer authentischen, selbstsicheren Lebensweise näher bringen. Ist der Horoskopeigner oder die Horoskopeignerin beispielsweise homosexuell und hat bislang nicht den Mut gehabt, seine/ihre Sexualität offen auszuleben, so ist vielleicht jetzt der Moment gekommen, wo ein weiteres Versteckspiel nicht mehr möglich ist. Er/Sie verspürt ein starkes Bedürfnis, künftig keine Kompromisse mehr eingehen zu müssen. Dies gilt auch für alle anderen Fragen, die eine entschiedene Einstellung verlangen. Endlich die notwendige Energie zu entwickeln, um unser Leben zu ändern, auch wenn wir deshalb auf manches verzichten und Opfer bringen müssen, ist das, was uns zur Zeit am meisten am Herzen liegt. Was die anderen darüber denken, interessiert uns nicht länger. Wir sind bereit zu kämpfen, um uns letzten Endes erfolgreich durchzusetzen.

Sehr oft kommt während dieses Transits unser starkes Verlangen nach Unabhängigkeit und Durchsetzung unserer Interessen zur Geltung. Es wird uns zunehmend unmöglich, uns dem Willen anderer Menschen zu beugen. Ohne jeden Zweifel sind wir dazu imstande, unsere Ansichten und Bedürfnisse offensiv zu vertreten, auch wenn wir normalerweise ein sanftes Temperament besitzen.

Vor allem die Beziehung zum anderen Geschlecht gestaltet sich jetzt recht schwierig. In Ehen und intimen Verhältnissen könnten etliche ungelöste Konflikte ans Tageslicht gelangen und auf diese Weise für Missverständnisse und Streit sorgen.

Wenn Frauen im Geburtshoroskop eine dominante Stellung Liliths haben, z. B. im Aspekt zur Sonne oder in Konjunktion zum AC, kommt ihr Benehmen den anderen in dieser Zeit wenig weiblich vor. Es gibt Leute, die sie für Amazonen halten, und vor allem Männer werden sich ihnen gegenüber eher zurückhaltend benehmen oder von vornherein versuchen, mit ihnen zu konkurrieren. Aber auch mit anderen Frauen könnten sie ähnliche Dinge erleben.

Es ist durchaus möglich, dass Frauen es in diesem Zeitraum mit Männern zu tun bekommen werden, die zu den schlimmsten Vertretern ihres Geschlechts gehören. Sie wirken vor allem auf solche Männer anziehend, die an kindheitsbedingten Störungen leiden, da sie die Gestalt ihrer Mutter immer nur als dominant und einengend erlebt haben. Dies ist der Typ Mann, der seine latenten regressiven Tendenzen auf das andere Geschlecht projiziert und innerlich zwiespältige Gefühle gegenüber Frauen hegt, sie gleichzeitig fürchtet und verachtet. Ein solcher Mann wird versuchen, an den Frauen, denen er begegnet, wegen der durch seine Mutter erlittenen Störungen Rache zu üben, und er kann ihnen damit das Leben zur Hölle machen – als Chef oder als Ehemann. Ist eine Frau stark genug, ihm Widerstand zu leisten, kann sie aus diesem Kampf, wenn auch mit zahlreichen Narben, als Siegerin hervorgehen. Ist sie dagegen eher geneigt, immer alles zu verzeihen und zu gehorchen, dann läuft sie Gefahr, überwältigt zu werden.

Eine weitere Manifestation dieses Transits könnte sein, dass uns ziemlich unangenehme Erlebnisse mit dem anderen Geschlecht wieder einfallen, an die wir lange nicht gedacht haben. Wurden Frauen als Kind oder Jugendliche sexuell belästigt oder missbraucht, dann explodieren jetzt Schmerz, Ekel, unterdrückte Wut und Ohnmachtsgefühle. Wahrscheinlich werden sie anderer Menschen bedürfen, die in der Lage sind, ihnen wirklich zu helfen. In fast allen Städten können sie Frauengruppen finden, deren Mitglieder dieselbe Art von Gewalt erlitten haben. Von ihnen können sie die geeigneten Adressen erhalten, unter denen betroffenen Frauen auf therapeutischer Ebene geholfen wird. Unter diesem Einfluss ist es wichtig, sich nicht von einer selbstzerstörerischen Verzweiflung gefangen nehmen zu lassen, denn nur aus eigenem Antrieb gelingt es, dem dunklen Tunnel zu entkommen, in dem man sich momentan befindet.

Männer erleben unter dem Einfluss dieses Transits Begegnungen mit ausgesprochen aggressiven und rechthaberischen Frauen. Es ist möglich, dass sie einer Frau begegnen, der gegenüber sie äußerst zwiespältige Gefühle empfinden. Sie haben Angst vor ihr und halten es für nötig, eine Verteidigungshaltung einzunehmen. Gleichzeitig irritiert sie ihr Auftreten, denn es lässt sie selbst ebenfalls aggressiv werden. Vertrauen sollten Männer dieser Frau nicht schenken, denn ihr einziges Ziel besteht darin, sie psychisch in die Enge zu treiben und aus jeder Auseinandersetzung als Siegerin hervorzugehen. Sie wird nicht nur in jeder Situation versuchen, mit ihnen in Wettstreit zu treten, sondern auch danach trachten, sie zu manipulieren, um ihre egoistischen Absichten zu verwirklichen. Vielleicht errichtet der Horoskopeigner rein instinktiv zwischen sich und ihr eine unüberwindbare Barriere. Dies allein kann ihn retten. Wenn er jedoch zulässt, dass er ihr in die Falle geht, wird er sich nicht mehr so leicht daraus befreien können. Die Frau, die die negativen Eigenschaften von Lilith/Mars verkörpert, erinnert uns sehr an die Rolle, die Glenn Close in dem Film »Verhängnisvolle Affäre« gespielt hat: keine angenehme Begleitung. Vermutlich ist es kein Zufall, dass der Horoskopeigner mit einer solchen Frau zusammentrifft. Sein Radix–Horoskop könnte schwierige Aspekte zwischen Mond und Pluto oder Mond und Mars aufweisen. Falls seine Mutter sich ihm gegenüber sehr energisch und einengend verhalten hat, wird er während dieses Transits alles noch einmal durchleben, so dass ihm längst vergangen geglaubte Gefühle wieder zum Bewusstsein kommen. Doch er hat die Möglichkeit, durch diesen sehr mächtigen Einfluss seine Seele endlich von der psychischen Sklaverei zu befreien, die noch aus Kindheitstagen herrührt.

Lilith in harmonischem Aspekt zu Mars

Unter diesem Transit ist unsere körperliche, aber auch geistige Energie außerordentlich stark. Der Wunsch, sich zu behaupten und auf eigenständige Weise auszudrücken, lässt uns waghalsige Abenteuer suchen, aus denen wir siegreich hervorgehen werden. Der Mut, den wir dabei an den Tag legen, ruft bei unseren Mitmenschen Bewunderung hervor. Außerdem sind wir in dieser Phase in der Lage, wesentlich mehr Arbeit zu erledigen als normalerweise. Unsere Kampflust gestattet uns, in unserer Umgebung Respekt zu erlangen, und niemand wird sich uns widersetzen oder es wagen, uns Steine in den Weg zu legen. Wir sind wesentlich kühner als sonst. Dieser Transit hat eine ähnliche Wirkung wie Uranus-Transite auf Mars. Doch wie wir diese Energie einsetzen, hängt ganz und gar von unserer Geburtskonstellation ab.

Wenn wir dazu neigen, anderen unsere Ideen aufzudrängen und sie zu überzeugen, uns zu folgen – was für uns natürlich von Vorteil ist –, dann sollten wir nicht versuchen, diese Situation auszunutzen. Wir üben auf Menschen, die schwächer sind als wir und die eigentlich eher unseres Schutzes bedürfen, eine starke Anziehung aus. Diese Personen zu unterjochen, wäre momentan sehr leicht, doch darf die Energie dieses Transits nicht für niederträchtige Zwecke missbraucht werden. Sie steht uns nicht dazu zur Verfügung, unsere Nächsten zu verletzen, sondern um wertvolle persönliche Ziele zu erreichen.

In dieser Zeit ist unsere sexuelle Energie überwältigend. Die körperliche Liebe interessiert uns wesentlich mehr als Gefühle oder Romantik. In unseren Begegnungen mit dem anderen Geschlecht suchen wir nach Befriedigung unserer Lust und verheimlichen das auch nicht im Geringsten. Wir wollen Jäger sein und nicht Beute.

Auf künstlerischer Ebene verspüren wir ein Verlagen, uns auf »mannhafte« Weise zu verwirklichen. Hier ist Kunst gemeint, wie z. B. die Bildhauerei – eine Arbeit, die nicht nur Inspiration, sondern auch Muskelkraft erfordert.

Lilith im Spannungsaspekt zu Mars

Wahrscheinlich machen wir momentan eine Phase durch, in der wir übermäßig erregt und sehr nervös sind. Stress und die Probleme des Alltags verursachen in uns ein Gefühl der Ohnmacht und führen dazu, dass wir uns äußert frustriert vorkommen. Einerseits verspüren wir ein Verlangen nach Bestätigung und Anerkennung, doch erscheint uns das auf der anderen Seite zur Zeit nicht realisierbar. Vielmehr hat es den Anschein, als ob alle uns widersprechen und beabsichtigen, uns Knüppel zwischen die Beine zu werfen. Dies geschieht jedoch keinesfalls offen. Wer uns schaden will, tut dies heimtückisch und im Verborgenen. Am schlimmsten ist dabei, dass wir nicht kämpferisch genug sind, um derartige Angriffe zu überstehen und uns erfolgreich zur Wehr zu setzen, und so versuchen wir reichlich verwirrt, uns auf gut Glück zu verteidigen.

Am Arbeitsplatz oder im Privatleben gibt es vielleicht jemanden, der versucht, uns vehement seine Ansichten aufzudrängen. Derartige Probleme lassen uns anderen gegenüber misstrauisch und argwöhnisch werden, aggressiv und reizbar. Dieser Transit – wenn er Konstellationen des Radix-Horoskopes aktiviert, die sehr spannungsgeladen sind – kann eine Gewalt zur Explosion bringen, die schon lange latent vorhanden gewesen ist. Es ist denkbar, dass wir diesen Ausbruch in unbewusster Weise durch unser eigenes Verhalten auf uns ziehen.

Wahrscheinlich fühlen wir uns dermaßen am Boden zerstört,

dass wir nach einer moralischen Genugtuung Ausschau halten, die wir jedoch nirgendwo entdecken können. Wir sollten in diesem Fall Acht geben, dass wir nicht das Opferlamm spielen oder eine selbstzerstörerische Haltung einnehmen, was die Lage nur noch verschlimmern würde. Auf diese Weise könnten wir nämlich die Aggression anderer Menschen auf uns lenken und gefährliche Situationen heraufbeschwören.

Der beste Weg, diesen Transit zu bewältigen, besteht darin, einfach aus dem Spiel auszusteigen, sofern wir die Möglichkeit dazu haben. Wir sollten vielleicht einen abgelegenen Ort aufsuchen, die Umgebung wechseln oder mit all unseren zerstörerischen Beziehungen brechen. Das sind alles Mittel, die zu unserer Erholung beitragen und das Vertrauen in uns selbst wiederherstellen.

Das Verhalten zum anderen Geschlecht gestaltet sich äußerst aggressiv, und es ist während dieser Konstellation leider keine Seltenheit, dass es in den eigenen vier Wänden zum Ausbruch wilder Streitereien kommt, bei denen auch körperliche Gewalt nicht ausgeschlossen werden kann. Damit es soweit kommt, muss der hier beschriebene Transit allerdings durch andere Faktoren verstärkt werden, die bereits im Geburtshoroskop vorhanden sind.

Lilith in Konjunktion zu Jupiter

In diesem Zeitraum sind wir hinsichtlich unserer Absichten und Pläne äußerst unbeständig und wankelmütig. Wir sind mit uns selbst unzufrieden, ohne jedoch an diesem Zustand etwas Grundlegendes ändern zu können. Wir neigen dazu, uns zu verzetteln, fangen zu viele Dinge gleichzeitig an und werden uns erst anschließend bewusst, dass wir nicht alles auf einmal erledigen können. So bleibt einiges von dem, was wir uns vorgenommen haben, unerledigt. Als Folge davon ärgern wir uns über verschwendete Zeit und unnütz investiertes Geld.

Was unsere Beziehungen betrifft, haben wir das Gefühl, dass ausschließlich wir es sind, die geben und sich großzügig verhalten, während wir viel zu wenig zurückbekommen. Doch ist dies einzig und allein unser Problem. Falls wir ohnehin schon dazu neigen, mehr zu geben als wir erhalten, könnten wir es in diesem Zeitraum damit übertreiben und jedes Maß verlieren. Wir könnten unseren Partner in eine Situation bringen, in der er nicht imstande ist, das von uns Erhaltene jemals wieder gutzumachen. Unsere Ansprüche könnten dabei so übertrieben sein, dass die Gegenleistungen des anderen uns niemals zufrieden stellen. Diese Neigung betrifft natürlich nicht nur die Liebe, sondern beeinflusst auch jede andere zwischenmenschliche Beziehung. Diese übertriebenen Erwartungen können uns in jenen Situationen, die von dem Radix-Haus, in dem die Konjunktion stattfindet, symbolisiert werden, zur Unzufriedenheit führen.

Unsere Unzufriedenheit könnte auch auf dem Gebiet der Sexualität zum Ausdruck kommen. Der sexuelle Appetit ist dermaßen ausgeprägt und unsere Phantasien sind so erregend, dass uns die Wirklichkeit nur noch monoton vorkommt. Es ist denkbar, dass es unserem Partner einfach nicht mehr gelingt, uns zufrieden zu stellen, so sehr er sich auch bemüht, unseren Wünschen entgegenzukommen.

Falls diese Konjunktion einen Bezug zu unserer Radix-Venus oder dem Radix-Mars aufweist, ist es wahrscheinlich, dass wir uns von unbekannten Menschen angezogen fühlen, denen wir rein zufällig begegnen, und dass unser Draufgängertum uns den Mut verleiht, uns in reizvolle Affären zu stürzen. Allerdings versuchen wir dabei immer, uns gefühlsmäßig nicht allzu stark zu binden. Schließlich handelt es sich bloß um Abenteuer, die der Alltagswirklichkeit einfach nicht standhalten können. Da Jupiter eine starke Verbindung zum 9. astrologischen Bereich hat, können wir einem oder einer schönen Fremden begegnen, der/die uns genussvolle Stunden schenkt. Wir sollten das nehmen, was dieser Mensch uns zu bieten hat, ohne irgendwelche Ansprüche zu erheben.

Wenn die Konjunktion Lilith zu Jupiter in unserem 5. Haus stattfindet oder einen Bezug dazu hat sowie auch der Radix-Mond an dieser Konstellation beteiligt ist, birgt dieser Transit ein nicht zu unterschätzendes Risiko, denn er könnte unsere Fruchtbarkeit deutlich erhöhen. Also Vorsicht vor ungewollten Schwangerschaften. Wer nicht aus heiterem Himmel Vater oder Mutter werden will, sollte sich rechtzeitig davor schützen. Nichtsdestoweniger sollten wir versuchen, diese Fruchtbarkeit auf kreativer Ebene umzusetzen, indem wir uns künstlerisch betätigen. Die Ergebnisse, die wir dabei erzielen, werden ausgezeichnet sein. In dieser Phase haben wir die Möglichkeit, neu entdeckte Talente zu kultivieren.

Lilith in harmonischem Aspekt zu Jupiter

Dies ist eine fruchtbare und viel versprechende Zeit. Die einzige Gefahr besteht darin, dass wir uns überschätzen und uns bei dem, was wir tun, übernehmen. Wir fühlen uns unersättlich und streben mit Leib und Seele danach, unsere Bedürfnisse zu befriedigen. Alles was Freude und Befriedigung verspricht, zieht uns automatisch an. Wenn wir in unseren Beziehungen nicht das finden, was wir zur Zeit benötigen, empfinden wir nur geringe Skrupel, uns auf und davon zu machen, um anderswo unser Glück zu suchen. Wir sind sehr von unseren Instinkten geleitet, so dass uns die lästigen Argumente unseres Verstandes nicht bremsen können. Wir neigen dazu, uns völlig ungezwungen zu geben. Da uns der Klatsch anderer Leute ohnehin nichts bedeutet, machen wir uns einen Spaß daraus, sie durch ein provozierendes Verhalten zu schockieren, das sich hart an der Grenze zur Unmoral bewegt – besonders dann, wenn unser Radix-Horoskop eine nicht konventionelle Persönlichkeit beschreibt.

Finden sich dagegen in unserem Horoskop Werte, die auf korrektes Verhalten schließen lassen, oder sind wir Menschen, die zu Ernsthaftigkeit neigen, dann ist es möglich, dass dieser Transit keine besonderen Auswirkungen auf uns hat. Wir werden uns spontaner als bisher verhalten, ohne jedoch die Regel zu missachten oder unseren guten Ruf in kompromittierenden Situationen aufs Spiel zu setzen.

Sämtliche kreative Aktivitäten werden von diesem Transit begünstigt und sind von Erfolg gekrönt. Dies ist der geeignete Augenblick, mehr Vertrauen in uns selbst zu fassen und den Versuch zu unternehmen, eine künstlerische Karriere zu starten. Sollte die Kunst uns dagegen ausschließlich als Hobby interessieren, dann werden wir unsere Freizeitbeschäftigung während dieses Zeitraums mit Leidenschaft pflegen.

Sind wir mit unserem Image nicht zufrieden, können wir jetzt damit beginnen, daran Änderungen vorzunehmen. Unsere Versuche könnten zu äußerst zufrieden stellenden Ergebnisse führen. Wir werden bemerken, dass wir uns selbst mehr als bisher gefallen, was wiederum unser Selbstbewusstsein und Selbstvertrauen steigert oder uns gegenüber den Mitmenschen spontaner und offener werden lässt.

Lilith im Spannungsaspekt zu Jupiter

In dieser Zeit könnte unsere übertriebene Moralität ein freies Ausüben der Sexualität blockieren. Falls wir in Situationen geraten, in denen wir mit unserem ganzen Wesen wünschen, die sich bietenden Gelegenheiten mit Freude auszuleben, dann kann es geschehen, dass unser Sinn für Moral uns untersagt, dies auch wirklich zu tun. Eine denkbare Manifestation dieses Transits könnte das klassische Liebesdreieck sein. Sind wir seit Jahren »glücklich verheiratet«, so taucht jetzt vielleicht ein neuer Mensch am Horizont auf, der uns fasziniert und innerlich durcheinander bringt. Herz und Gefühl empfehlen uns, ein Abenteuer einzugehen, während unsere Moral es verbietet, auch nur daran zu denken, unseren Partner zu hintergehen und unsere Ehe aufs Spiel zu setzen. Von hier aus sind zwei völlig unterschiedliche Entwicklungen denkbar, die jedoch beide für Unzufriedenheit sorgen. Die erste Möglichkeit besteht darin, sich der eigenen inneren Stimme zu verschließen und sich einfach ins Abenteuer zu stürzen. In diesem Fall wird es uns nicht gelingen, aus unserer Kühnheit wirklichen Genuss zu ziehen, da Gewissensbisse uns schwer zu schaffen machen. Möglichkeit Nummer zwei könnte sein, dass wir uns zurückhalten und auf dem Pfad der Moral bleiben, doch könnten sowohl unsere Frustration als auch das Bedauern über die verpasste Gelegenheit in Wut gegen uns selbst umschlagen. Was wir auch immer unternehmen, viel Freude werden wir an unserer Entscheidung nicht haben.

Eine weitere Auswirkung dieses Transits besteht darin, dass wir nicht zu wirklichem Genuss fähig sind. Dies betrifft nicht nur das Liebesleben, sondern auch die Arbeit und unsere gesellschaftlichen Aktivitäten. Obwohl unsere Anstrengungen von Erfolg gekrönt sein werden, reicht uns das nicht, um glücklich und selbstsicher zu sein. Ein störendes Gefühl der Unzufriedenheit bleibt bei allem, was wir erreichen und durchleben, zurück.

Aber auch das Gegenteil ist möglich, nämlich dass wir uns maßlos zu amüsieren versuchen. Ausschweifungen oder übertriebene Genusssucht können gesundheitliche Störungen verursachen.

Wenig erfreulich an diesem Transit ist auch der Umstand, dass wir uns dem anmaßenden Benehmen anderer ausgesetzt sehen. In einer Phase wie der hier beschriebenen ist es keine Seltenheit, von unseren Mitmenschen missbraucht zu werden. Wir sollten aufpassen, mit wem wir Umgang pflegen, denn skrupellose Personen könnten uns ein Bein stellen. Wir sollten uns nichts einreden lassen und vor allem sollten wir kein Geld verleihen. Leichtsinniges Verhalten könnte uns einigen Ärger bescheren.

Lilith in Konjunktion zu Saturn

Diese Phase wird durch das Wiedererwachen des Bewusstseins charakterisiert. Wurden wir in den vergangenen Jahren von Normen und Regeln geleitet, die andere uns auferlegt haben, so scheint es jetzt nicht mehr möglich, dass wir uns ihnen weiterhin beugen.

Haben Eltern, Lehrer oder Erzieher mit ihren eisernen Prinzipien unsere freie Entfaltung behindert, verspüren wir jetzt ein Verlangen, uns gegen diese psychische Einflussnahme, die uns seit unserer Kindheit geprägt hat, aufzulehnen. Allmählich werden wir uns bewusst, dass wir aufgrund der erzieherischen Maßnahmen dieser Menschen gar nicht richtig gelebt haben. Der ursprünglichste, natürlichste Teil unserer Persönlichkeit liegt unter einem Berg von Blockaden und Komplexen verborgen. Wenn wir versuchen, uns an Situationen zu erinnern, in denen wir spontan reagiert haben, ungehemmt, instinktiv und von einem momentanen Impuls geleitet, dann werden wir feststellen, wie selten derartige Gelegenheiten waren, und dass wir selbst in diesen Ausnahmefällen noch Schuldgefühle hatten. Diese Aussage verstärkt sich, wenn wir im Radix-Horoskop eine starke Saturnbetonung besitzen. Wer nur leicht von Saturn beeinflusst ist, wird die Auswirkung dieses Transits nicht allzu stark empfinden.

Jetzt bemerken wir in unserem Innern einen befreienden Impuls, und wir entwickeln den Wunsch, Situationen, vor denen wir früher Angst hatten, wirklich auszuleben. Wir könnten das Bedürfnis verspüren, einfach mal etwas Verrücktes zu machen, das bei den Spießern nur ein Nasenrümpfen verursachen würde. Eine kleine Flamme beginnt in uns zu brennen und wärmt unsere Seele. Haben wir den Mut, diesem Feuerchen Nahrung zu geben, so werden wir langsam anfangen, wieder wirklich zu leben und jene Natürlichkeit, Spontaneität und Instinktivität wiederzufinden, die in jedem von uns stecken, doch meist von einer viel zu strengen und prüden Erziehung unterdrückt worden sind.

Bei Menschen, die in der Vergangenheit Angst vor Einsamkeit hatten oder unter Ohnmachtsgefühlen litten, erwacht während dieses Transits ein neues sexuelles Verlangen. Haben von unseren Eltern vermittelte Grundsätze, die jeder freien Gefühlsäußerung feindlich gesonnen waren, unser bisheriges Verhalten beeinflusst, dann haben wir als Erwachsene wahrscheinlich unter mehr oder weniger schweren Blockaden gelitten. Unser körperliches Verlangen wurde erstickt oder war – falls wir es doch ausgelebt haben – von Schuldgefühlen begleitet. In diesem Fall könnte sich der Einfluss des hier beschriebenen Transits als Wohltat erweisen, da das übermächtige Verlangen, sich von den Schuldgefühlen zu befreien und die eigene Sexualität endlich in befriedigender Weise zu leben, uns dazu veranlassen könnte, einen guten Sexualtherapeuten oder eine gute Sexualtherapeutin aufzusuchen. Die Bedürfnisse des eigenen Körpers zu akzeptieren, die eigenen Phantasien auszuleben und mehr Mut zu sammeln, könnte uns dabei helfen, jenem Wunsch nach Liebe und Sex, der so unvermittelt wieder in uns zum Vorschein gekommen ist, freie Bahn zu schaffen.

Lilith in harmonischem Aspekt zu Saturn

Falls keine anderen wichtigen Transite das Leben des Horoskopeigners beeinflussen, geschieht während dieses Transits nichts Außergewöhnliches. Es stehen keine tief greifenden Änderungen bevor. Als drängend wird vor allem der Wunsch empfunden, weniger konventionell zu leben und dafür kreativer und spontaner zu sein.

Pflichten und Normen, die uns auferlegt werden, könnten uns in diesem Zeitraum gehörig auf die Nerven gehen. Was uns fehlt, ist eine freiere Lebensweise als die, die uns von der Vernunft diktiert wird. Fremde Autoritäten ertragen wir nicht mehr, und das Verlangen wird immer größer, uns so zu verhalten, wie wir es wirklich für richtig erachten. Das soll aber nicht heißen, dass wir den Sinn für jedes Maß verlieren oder die Spielregeln nicht mehr einhalten würden. Dazu sind wir noch in der Lage, doch wollen wir künftig nicht mehr allzu hart mit uns selbst ins Gericht gehen. Entsprechend stört uns auch das Benehmen derjenigen, die sich uns gegenüber bevormundend verhalten. Immer öfter beobachten wir uns dabei, wie wir uns kleine Freiheiten herausnehmen, die wir verdient zu haben glauben und die uns mit Befriedigung erfüllen. Doch sollten wir darauf achten, dass die Menschen in unserer Umgebung darauf nicht feindselig oder mit Vorwürfen reagieren.

Was das Verhältnis zum anderen Geschlecht anbelangt, suchen wir keineswegs nur nach körperlichen Genüssen. Wir fühlen uns verantwortungsvoll genug, um ernsthafte Beziehungen einzugehen oder das Zusammenleben mit unseren Partnern sinnvoll zu gestalten. Typisch für unsere Entscheidungen sind die Bündnisse, die wir mit all jenen schließen, die uns wohlgesonnen sind. Wir halten an stabilen Bindungen fest, wollen aber in keiner Weise durch einengende Maßregeln oder stereotype Verhaltensmuster eingeschränkt werden. Bevor wir uns unwiderruflich an jemanden binden, legen wir offen, was uns am Herzen liegt und was wir erwarten. In diesem Fall ist damit der Respekt gemeint, den der andere Mensch unserer eigenen Integrität entgegenbringen soll.

Während andere Faktoren unsere persönlichen Planeten im Radix berühren und das Gefühlsleben beeinflussen, werden neue Liebesbeziehungen, die wir zur Zeit eingehen, ein wenig mit dem Kopf gelebt. Es fehlt ihnen an jener Leidenschaft und Wildheit, die uns sonst den Verstand verlieren lassen würden. Wenn wir Menschen sind, die leicht in Projektionen verfallen, verfügen wir unter dem Einfluss dieses Transits über die Fähigkeit, beim Beginn intimer Freundschaft sofort den wahren Charakter der von uns begehrten Person zu erkennen, ohne uns von irgendwelchen Projektionen blenden zu lassen. Wilder Sex und blinde Leidenschaft sind momentan nicht der Angelpunkt einer Beziehung. Was uns an die betreffende Person bindet, ist vielmehr das Gefühl der Sicherheit, die sie uns vermittelt. Damit die Bindungen, die wir jetzt eingehen, von langer Dauer sein können, müssen andere Transite zu Venus oder zum Herrscher des 7. Hauses bereits bestehen. Dieser Transit verstärkt die schon vorhandene Voraussetzung dafür.

Lilith im Spannungsaspekt zu Saturn

Ein Konflikt zwischen dem Bedürfnis nach gefühlsmäßiger Sicherheit und innerer Struktur einerseits und einem neuen Drang nach Befreiung andererseits charakterisiert diese Phase. Im Grunde wollen wir die Festung verlassen, die wir Jahr für Jahr immer höher und massiver in der Hoffnung um uns errichtet haben, dass sie uns vor allem Unvorhergesehenen und vor sämtlichen Stürmen des Lebens schützt. Und genau solch ein Sturm braut sich momentan über uns zusammen. Wie der Turm, in den auf der sechzehnten Tarotkarte der Blitz, einer brennenden Feder gleich, einschlägt, so werden unsere alten und unnützen Strukturen zerschlagen. Dies geschieht besonders dann, wenn wir unser ganzes Leben damit zugebracht haben, den Ansprüchen und Forderungen unserer Mitmenschen gerecht zu werden. Nach und nach wird uns jedoch bewusst, dass wir im Grunde nur den lebendigsten und kreativsten Teil unserer Persönlichkeit unterdrückt haben, um diejenigen zufrieden zu stellen, die sich auf uns verlassen und all ihre Hoffnungen in uns gesetzt haben.

Wenn es uns vorkommt, als hätten wir eine beträchtliche Zeitspanne unseres Lebens wie ein Automat zugebracht, so ist jetzt der Zeitpunkt gekommen, an dem wir nicht mehr weiter machen wollen wie bisher.

Das Bedürfnis nach Introspektion, das wir jetzt verspüren, hat den Sinn, dass wir uns über unseren momentanen Zustand Gedanken machen. Großes zu unternehmen fällt uns gar nicht so leicht, da unser neues Freiheitsbedürfnis uns auch Angst einjagt. Der Verzicht auf Sicherheit ist ebenso problematisch wie die Notwendigkeit, die Erwartungen unserer Angehörigen, unserer Freunde und unserer Vorgesetzen enttäuschen zu müssen.

Wer uns gern unter Kontrolle haben möchte, indem er uns die Flügel beschneidet, wird versuchen, uns die Möglichkeit zu verweigern, über unser eigenes Leben zu entscheiden. Wahrscheinlich werden diese Personen bei jedem Schritt, den wir in Richtung Freiheit unternehmen, danach trachten, uns Gewissensbisse oder Schuldgefühle zu verursachen. Wir sollten uns nicht einschüchtern lassen. Wir haben nämlich ein Recht darauf, unseren Weg zu gehen. Wenn wir erst einmal die Schwelle zur Freiheit überschritten haben, werden wir eine neue Energie verspüren, die es uns ermöglicht, das Alte zu verlassen und uns auf das Neue zu konzentrieren. Wir sollten einen Neubeginn wagen, selbst wenn dies nicht einfach sein wird. Wir sollten schließlich nicht vergessen, dass jede Geburt Kraft und Anstrengung kostet.

Lilith in Konjunktion zu Uranus

Die unstete und explosive Energie dieses Transits kommt aus unserem tiefsten Innern mit aller Gewalt an die Oberfläche und ist von einem Geist der Auflehnung und Rebellion gekennzeichnet. Jede Art von Beschränkung und Verpflichtung erscheint uns unerträglich und erstickend. Die Energien von Uranus und Lilith sind in ihrem Ausdruck der Auflehnung und Rebellion eng verwandt, weshalb dieser Transit umso stärker in der Psyche wirkt, auch wenn keine anderen Transite diesen Prozess der Befreiung unterstützen.

Die Art und Weise, in der sich dieser Transit manifestiert, ist schwer vorhersehbar. Unsere Entscheidungen basieren auf Kurzschlusshandlungen. Wir denken nicht gründlich genug nach und gewöhnen uns möglicherweise ein dickköpfiges Verhalten an, das sich sogar gegen uns selbst richten kann. Wenn die uns zur Verfügung stehende Energie auf diese Weise ausgelebt wird, ohne wirklich konstruktiv zu unserer eigenen Veränderung eingesetzt zu werden, dann kann sich das letzten Endes gegen uns selbst richten. Die unerträgliche innere Anspannung könnte zu Gewaltausbrüchen oder zu Unfällen führen.

Es handelt sich um einen sehr zwiespältigen Transit, der uns einerseits zur aktiven Suche nach Veränderungen antreibt und die Kraft verleiht, uns selbst zu emanzipieren sowie von inneren Zwängen zu befreien. Andererseits ist unser Verhalten in diesem Zeitraum möglicherweise so unruhig und unduldsam, dass es uns nicht gelingen will, uns langfristig auf die Verwirklichung unserer Ziele zu konzentrieren.

Sollten in unserem Radix-Horoskop Werte wie Sachlichkeit und Ausdauer fehlen, so ist es möglich, dass wir in dieser Phase von allem angezogen werden, was neu und aufregend ist, ohne damit jedoch etwas Richtiges anfangen zu können. In diesem Fall könnte sich die Energie der Konjunktion zwischen Lilith und Uranus in einer nervösen Aggressivität äußern, die dazu führt, uns beim geringsten Anlass zu impulsiven, unbedachten und provokativen Äußerungen und Handlungen hinreißen zu lassen. In jenen Beziehungen, die zu eng und zu verbindlich geworden sind, fühlen wir uns möglicherweise wie Gefangene, ohne dass wir allerdings etwas unternehmen, um die Dinge von Grund auf zu ändern. Unser Verhalten wird von Diskontinuität geprägt, wir neigen zu Widerstand, doch wenn es in unserem Charakter an Durchführungskraft mangelt, werden wir wahrscheinlich wenig unternehmen, um uns wirklich aus diesen Bindungen zu lösen.

Sind wir dagegen selbstbewusst und willensstark, so werden wir auf diesen Transit positiv reagieren. In dieser Zeit haben wir die Gelegenheit, an sämtlichen Situationen, die uns abhängig machen oder unsere Unterordnung voraussetzen, etwas zu ändern. Sowohl in unseren zwischenmenschlichen Beziehungen als auch an unserem Arbeitsplatz gehen wir heftig zum Gegenangriff über. Falls nötig trennen wir uns ohne Bedauern von allem, was sich einengend oder unterdrückend auf uns auswirkt.

Frauen hängen in dieser Phase gern ihre Schürze an den Nagel, um wieder einen Beruf zu ergreifen, besonders diejenigen Frauen, die in ihrer Partnerschaft bis jetzt eine untergeordnete Rolle spielen mussten oder ihre eigene Karriere der ihrer Männer geopfert hatten, um sich lediglich dem Haushalt zu widmen. Resolut und bestimmt werden sie auf die Widerstände innerhalb ihrer Familie reagieren.

Lilith in harmonischem Aspekt zu Uranus

Da Lilith und Uranus ähnliche Züge aufweisen und in vielem einig sind, wird diese Phase relativ leicht zu gestalten sein, vor allem wenn wir ein Mensch sind, der über die Gabe der Spontaneität sowie über die Fähigkeit verfügt, alles zu einem guten Ende zu führen. Das Thema dieses Transits lautet, das tägliche Leben durch gewisse Veränderungen umzugestalten. Originelle, kreative Ideen könnten uns dabei helfen, die Alltagsroutine zu durchbrechen und eine aufregende, produktive Zeit zu durchleben, sowie eine Lösung für Probleme zu finden, die in einer anderen Lebensphase als unlösbar galten. Wir werden die Fähigkeit entwickeln, das Leben künftig etwas leichter zu nehmen, weil wir uns augenblicklich durch allzu ernste Dinge außergewöhnlich gelangweilt fühlen. Wir widmen uns daher in diesem Zeitraum Bereichen unseres Lebens, in denen uns zum Erreichen positiver Resultate keine große Mühe abverlangt wird. Ein positiv zu bewertender Opportunismus lässt uns Ziele erreichen und uns beliebt werden.

Sofern unsere Partnerschaft auf gegenseitigem Verständnis und Respekt für die Freiheit des anderen beruht, wird in unserem Liebesleben alles reibungslos funktionieren. Wenn wir zu unseren Freunden und Bekannten vertrauensvolle Beziehungen unterhalten, die auf einem unkomplizierten Miteinander gegründet sind, werden wir während dieses Transits gemeinsam aufregende Erfahrungen machen. Für Beziehungen zu Gleichgesinnten ist diese Zeit geeignet, wir sollten versuchen, mit Menschen zusammen zu sein, mit denen uns etwas Gemeinsames verbindet.

Auf größere Schwierigkeiten werden wir allerdings stoßen, wenn wir uns in einer Beziehung einigeln, die von festen Rollenschemata und gegenseitigen Einschränkungen geprägt ist. Wachstum und Entwicklung sind hier ausgeschlossen, denn was vorherrscht, ist nichts anderes als gegenseitige Unterdrückung. Wir werden versuchen, neue Verhältnisse in dieser Partnerschaft zu gestalten. Sollte uns jedoch dabei kein Erfolg beschieden sein, ist es sehr wahrscheinlich, dass wir in einer Trennung das einzige Mittel sehen. Doch die von diesem Transit beeinflussten Trennungen werden äußerst problematisch ablaufen. Sie werden eher von einem Gefühl der Befreiung als des Schmerzes begleitet.

Falls wir selber Kinder haben, könnte der Augenblick gekommen sein, wo sie sich von uns lösen, um ihr eigenes Leben zu gestalten. Es ist für uns eine Zeit, neue Aufgaben und Interessensgebiete zu suchen, um das Gefühl des »empty nest« besser zu bewältigen.

Für sexuelle Experimente ist dieser Zeitraum gut geeignet. Unter dem Einfluss von Lilith, der Verführerin, wächst unsere Neugier auf alles Erotische und drängt uns in immer neue, einzigartige Situationen, die wir oft und gerne auskosten. Auch das Interesse an gleichgeschlechtlichen Partnern könnte während dieser Phase erwachen, und ein schönes Erlebnis in dieser Richtung ist nicht außergewöhnlich. Der derzeitige Transit weckt in uns auch die Vorliebe für Menschen, die deutlich jünger sind als wir selbst. Ihr geringes Alter und ihre Unerfahrenheit stellen für uns eine Einladung dar, den erfahrenen Lehrmeister zu spielen. Auf diese Weise widmen wir uns mit großer Hingabe ihrer Einführung in die Welt der sexuellen Freuden.

Lilith im Spannungsaspekt zu Uranus

Unruhe und nervöse Anspannung sind typische Auswirkungen der Spannungsaspekte zwischen der Transit-Lilith und dem Radix-Uranus. Vermutlich wird es uns nicht gelingen, abends einzuschlafen und uns nachts richtig zu erholen, da tausend Gedanken in unserem Kopf herumschwirren. Wenn wir dazu jedoch aufgrund schwieriger Mond/Uranus-Aspekte im Radix neigen, können Angstzustände nicht ausgeschlossen werden. Sollten wir ohnehin schon ein ängstlicher Mensch sein, dann ist es möglich, dass sich unsere Befürchtungen in diesem Zeitraum noch vergrößern und sich zu wahren Attakken ausweiten, die jedes Mal dann auftreten, wenn wir uns dazu entschließen, für unsere Entwicklung notwendige Veränderungen vorzunehmen. Diese Attacken könnten uns auch in solchen Momenten innerlich blockieren, die schnelles und spontanes Handeln sowie Entschlossenheit erfordern. In dieser Phase ist mit – teilweise plötzlichen und aufreibenden – Veränderungen zu rechnen. Falls wir uns nicht ändern wollen, wird es wahrscheinlich unsere Umgebung sein, auf die sich dieser Wandel auswirkt. Konflikte zwischen Familienmitgliedern überraschen uns ebenso wie das veränderte Verhalten unserer Partner oder unserer Kinder, die ebenfalls einem Wandel unterliegen. Wir werden den Eindruck nicht los, dass die Welt Kopf steht. Möglicherweise haben unsere Kinder ein Alter erreicht, in dem sie sich gegen uns auflehnen. Ehemals kleine Kinder könnten zu erbarmungslosen Jugendlichen herangewachsen sein, die ihre Rechte auf rebellische oder rücksichtslose Weise durchzusetzen versuchen. Auch zu Trennungen kann es in dieser Zeit kommen. Es ist denkbar, dass unsere Partner den weiteren Weg alleine beschreiten wollen und uns unvermittelt im Stich lassen. Vielleicht sind es aber auch wir, die sich aus heiterem Himmel dazu entscheiden, Schluss zu machen, was diejenigen verwundert, die uns schon seit langem kennen.

Wenn andere Faktoren das Radix beeinflussen oder wenn in unserem Horoskop eine Tendenz angezeigt ist, die uns unbewusst gefühlsmäßig zu unzuverlässigen und egoistischen Menschen führt, ist es möglich, dass die neuen Beziehungen, die unter diesem Einfluss entstehen, sich nicht glücklich entwickeln und sich als sehr schmerzvoll erweisen werden. Hier gilt es, gut darauf zu achten, mit wem wir ein Verhältnis eingehen, denn unsere neuen Bekannten könnten sich als äußerst egoistisch und selbstbezogen herausstellen. Sie könnten ein waghalsiges, aufregendes Abenteuer suchen, uns jedoch fallen lassen, sobald es ihnen mit uns langweilig wird. Sehr bitter wird für uns die Feststellung sein, dass wir für sie lediglich eine Zerstreuung dargestellt haben. Genau darin liegt eine der kritischen Auswirkungen dieses Transits: in der Erfahrung, dass andere, ohne dass wir den Grund verstehen können, nichts mehr mit uns zu tun haben wollen.

Eine ungeduldige und unüberlegte Grundeinstellung könnte uns dazu führen, Dinge zu tun, von denen wir im Grunde nicht überzeugt sind und die wir später bereuen. Wir können leichtsinniger Weise in gefährliche Situationen geraten, aus denen wir nur schwer wieder herausfinden.

Lilith in Konjunktion zu Neptun

In dieser Phase fühlen wir uns bereit, jedes Abenteuer einzugehen, sei es nun spiritueller oder körperlicher Natur. Auf spirituellem Gebiet fühlen wir uns von Lehren angezogen, die unsere Kenntnisse und unser Wahrnehmungsvermögen erheblich erweitern. Es ist möglich, dass wir für Themen wie Traumdeutung, Parapsychologie, Ethnopsychiatrie, Trance, Schamanismus oder östliche Philosophien Interesse entwickeln und unser Wissen entsprechend vertiefen. Dieser Transit könnte uns innerlich bereichern. Eine nicht zu unterschätzende Gefahr besteht allerdings darin, dass wir für alles, was von außen auf uns zukommt, äußerst empfänglich und leicht zu verführen sind.

Wenn wir ohnehin leicht zu beeinflussen sind, könnte dieser Transit kritisch für uns verlaufen. Wir könnten an Personen geraten, die sich uns als ausgezeichnete Parapsychologen verkaufen, als Reinkarnationstherapeuten oder sonstige Gurus und uns in völlige psychische Abhängigkeit von sich bringen wollen. Das wirkt sich natürlich schädlich auf unsere geistige Verfassung aus. Wenn wir bereits einmal in einer Situation waren, in der es uns an Kraft oder Standhaftigkeit gefehlt hat, wenn unsere Leichtgläubigkeit uns schon böse Scherze gespielt hat, dann ist es besser, sich in dieser Zeit von spiritistischen Sitzungen fern zu halten. Dasselbe gilt für Therapeuten oder Meister, die uns alle möglichen Wunder versprechen.

Das Verlangen nach Abenteuer und Sinnesrausch könnte uns dazu treiben, sehr ausgefallene oder sogar orgiastische erotische Situationen zu suchen. Vielleicht fühlen wir uns von einer Spielart der Sexualität angezogen, die nicht nur die körperliche Befriedigung beinhaltet, sondern auch – wie das Tantra – eine seelische. Aber auch die Sublimierung unserer sexuellen Triebe ist während dieses Transits nicht ausgeschlossen. Wenn in unserer Persönlichkeit die spirituelle Seite stärker betont ist, kann es sein, dass wir die starken erotischen Stimuli, die Lilith in uns weckt, in religiöse Gefühle zu verwandeln versuchen. Wir sollten jedoch aufpassen, dass die Sublimierung unserer Triebe nicht in eine Haltung der Selbstkasteiung umschlägt.

In dieser Phase fällt es uns schwer, uns mit einfachen Liebschaften zufrieden zu geben. Vielmehr suchen wir in unseren Beziehungen nach Absolutem und Sublimem. Daher ist es ausgesprochen schwierig für uns, eine wirklich ideale, befriedigende Partnerschaft aufzubauen. Wir sind auf der Suche nach dem Unmöglichen, weshalb es uns momentan wahrscheinlich nicht leicht fallen wird, uns an jemanden zu binden. Alle Menschen, die uns begegnen, scheinen unvollkommen zu sein.

Sind wir ein stark intuitiver Mensch, wird sich diese Fähigkeit während dieses Zeitraumes enorm erweitern – beinahe bis zur Wahrsagung. Träume mit prophetischen Inhalten sind nun nicht ausgeschlossen.

Lilith in harmonischem Aspekt zu Neptun

Unter dem Einfluss dieses Transit fühlen wir uns intensiven Erlebnissen entgegengetragen, die wir in sehr idealistischer Weise durchleben. Auch auf der Ebene der Sexualität überwiegt die Romantik. Das Risiko fataler Enttäuschung, das bei den mit Neptun beteiligten Transiten vorkommt, ist gering, da die Auswirkungen dieses Aspekts harmonisch verlaufen. Wenn auch in dieser Phase Sachlichkeit nicht zu unseren Stärken gehört, sollten wir doch nicht riskieren, uns in unglückliche oder hoffnungslose Liebschaften verwickeln zu lassen. Wir suchen bei unseren Partnern nicht nur die rauschhaften körperlichen Genüsse, sondern auch Sanftheit und geistige Vereinigung.

Rege Gefühle werden in dieser Zeit in uns wachgerufen, geniale Eingebungen, kreative Phantasien und Inspirationen. Wenn wir über künstlerisches Talent verfügen, können wir uns auf diversen Gebieten betätigen, wobei wir bei allem Erfolg haben, was wir in Angriff nehmen. Diese Aussage muss nicht von schwierigeren Transiten beeinträchtigt werden.

Arbeiten wir dagegen in technisch-naturwissenschaftlichen Bereichen oder üben wir eine Tätigkeit aus, die große Präzision erfordert, dann werden wir Probleme haben, uns auf unsere Arbeit zu konzentrieren. Deshalb ist es empfehlenswert – falls möglich –, eine Pause einzulegen und irgendeiner Freizeitbeschäftigung nachzugehen, die wenig geistige Aktivität erfordert und dem Herzen mehr Platz einräumt. Ideale Entsprechungen der Symbolik dieses Transits sind Theatergruppen, Tanzkurse und Seminare für Fotografie oder Musik, Traumarbeit und Visualisierung. Eine weitere Begabung, die wir entdecken können – falls die Veranlagung dafür im Radix besteht – ist die

Fähigkeit, Gedichte, phantastische Erzählungen oder erotische Märchen für Erwachsene zu schreiben.

Lilith im Spannungsaspekt zu Neptun

Zur Zeit sind wir wesentlich leichter zu beeinflussen und auch verletzlicher als sonst. Die Eigenschaft Neptuns, Enttäuschungen zu verursachen, ist in diesem Zeitraum größer als sonst. Vielleicht fühlen wir uns von Menschen hintergangen, mit denen wir verkehren, sie könnten hinter unserem Rücken gegen uns intrigiert oder Dritten gegenüber intime Dinge über uns ausgeplaudert haben. Es ist möglich, dass wir mit unserem Verhalten unfreiwillig Kritik oder Tratsch hervorrufen. Jemand könnte uns missverstehen und uns grundlos verleumden. Die beste Lösung, um gar nicht erst in solche Situationen zu geraten, besteht darin, sich vorsichtig zu äußern, wenn man in Gegenwart von Menschen ist, die in einem zwiespältige Gefühlen erregen.

Spielen wir in unserem Intimleben eher den nachgiebigen, passiveren Teil, dann könnten wir an Partner geraten, die uns zu unterdrücken und in Abhängigkeit zu bringen versuchen. Wir müssen gut Acht geben, nicht in ein sexuelles oder sogar sadomasochistisches Abhängigkeitsverhältnis zu geraten. Sollten wir dazu neigen, Liebe und Leid zu verwechseln, könnten wir uns jetzt in einer Situation wiederfinden, die uns unglücklich macht. Lilith im Aspekt zu Neptun übernimmt die Gestalt der Sirene, die Seeleute mit ihrem verführerischen Gesang in Verwirrung und Wahnsinn treibt. So könnte es geschehen, dass wir während dieses Transits auf äußerst attraktive Menschen treffen, die sich uns aber ständig entziehen, Menschen, die beim geringsten Anzeichen von Zuneigung die Flucht ergreifen. Aufgrund ihrer Ausstrahlung könnten wir ihnen in die Falle gehen – nur, um enttäuscht zu werden, nachdem wir uns verliebt haben. Die Träume von einer zuverlässigen Partnerschaft könnten unter dem Einfluss des Transits zerbersten. Wir laufen Gefahr, vollkommen desillusioniert aus einer total gescheiterten Beziehung hervorzugehen. Nur sehr positive Auswirkungen von gleichzeitig vorhandenen Transiten mildern die obige Aussage.

Die Energie des Transits sollte dazu genutzt werden, sich der Pflege künstlerischer Fähigkeiten zu widmen. Für alle, die sich mit Kunst befassen, ist diese Zeit ausgesprochen bereichernd und inspirierend.

Lilith in Konjunktion zu Pluto

Lilith intensiviert mit ihrem Einfluss die Natur von Pluto und bewirkt, dass wir uns eine Zeit lang wesentlich leidenschaftlicher fühlen und verhalten als gewöhnlich. Mit Begeisterung und Schwung gehen wir unser ganzes Leben an. Doch in der Sexualität verspüren wir die Auswirkung der Konjunktion am stärksten. Wenn wir verliebt sind, gestalten sich unsere bestehenden Beziehungen noch leidenschaftlicher, weisen allerdings auch Turbulenzen auf. Dies ist verständlich, da sich jede emotionale Äußerung bis ins Extrem steigern kann. Wenn wir in unserer Partnerschaft allzu besitzergreifend oder eifersüchtig sind, so werden wir diese Gefühle in diesem Zeitraum verschärft verspüren. Es ist natürlich auch möglich, dass uns unsere Liebesgefährten einen entsprechenden Anlass bieten und uns provozieren. Die Auseinandersetzungen könnten so weit ausarten, dass es sogar zu körperlichen Ausschreitungen kommt.

Aber aufgrund unseres Misstrauens, das noch ausgeprägter ist als sonst – falls in unserem Horoskop Aspekte von Pluto oder Saturn zu den persönlichen Planeten oder Platzierungen im Stier und Skorpion vorhanden sind –, könnten wir Intrigen oder Verrat wittern, wo in Wirklichkeit nichts ist. Sollte es soweit kommen, könnte der von uns geliebte Mensch endgültig genug haben und die Beziehung beenden. Falls wir nicht unter

Eifersucht leiden, könnte es unser Lebensgefährte sein, der ein besitzergreifendes Verhalten an den Tag legt und uns ausschließlich für sich beansprucht. Die sich dadurch enthüllende Seite seiner Persönlichkeit war uns bisher fremd und überrascht uns sehr.

Die Gefahr dieses Transits liegt darin, dass bestimmte Verhaltensweisen innerhalb intimer Beziehungen überhand nehmen und sich als destruktiv erweisen. Krankhafte Eifersucht kann in solchen Fällen zur Ursache unendlichen Leids führen. Es ist möglich, dass uns unter dieser Konstellation ein Freund oder eine Freundin, zu dem oder zu der wir keine Liebesbeziehung, sondern nur Freundschaft pflegen, Vorhaltungen macht, sobald wir uns mit anderen Bekannten treffen. Eine weitere Möglichkeit besteht darin, dass wir wegen unseres Besitzes, Charmes oder Erfolges den Neid unserer Umgebung auf uns ziehen.

Gefährliche Dreiecksgeschichten sind unter dem Einfluss von Lilith/Pluto-Transiten keine Seltenheit. Lilith verkörpert in der Astrologie die hexenhafte erotische Dritte, die in eine bestehende Beziehung eindringt. Wie auch immer der Transit sich manifestiert, die Phase, die wir durchmachen, wird sehr intensiv und auf emotionaler Ebene kompliziert. Es liegt allein an uns, ob wir uns in erdrückende oder gefährliche Beziehungen verstricken lassen oder nicht.

Lilith in harmonischem Aspekt zu Pluto

Dieser Transit kann unser Leben für einen gewissen Zeitraum verzaubern und uns magische Momente schenken. Für kreative Arbeit ist dies eine intensive Phase. Wir haben die Möglichkeit, unsere Fähigkeiten zu verbessern und uns gleichzeitig auf neue Formen der künstlerischen Darstellung zu spezialisieren, indem wir bisher unbekannte Neigungen entdecken. Was uns am glücklichsten macht ist, diesen so produktiven Augenblick frei und spontan zu leben. Unsere künstlerische Arbeit könnte sich in Richtung Erotik orientieren, verbunden mit einem Hauch Obszönität. Es ist nicht auszuschließen, dass wir die Anziehungskraft einer Kunst entdecken, die scheinbar von jeglicher Ästhetik weit entfernt ist. Gemeint ist das Schauderhafte oder Makabre, in der Art, wie es die Ausstellung »Körperwelten« darstellte, die in Mannheim und in Basel hunderte von Menschen angezogen hat. Falls damals ein Lilith/Pluto-Transit unser Horoskop beeinflusst hat, waren wir bestimmt unter dem Zuschauerfluss dabei. Wir könnten uns z. B. auch den Maler Otto Dix zum Vorbild nehmen, der mit seinen makabren Frauendarstellungen Obszönität und Dekadenz trefflich zum Ausdruck gebracht hat.

Vorhanden ist in diesem Zeitraum auch die Möglichkeit, äußerst intensive, leidenschaftliche Liebesbeziehungen auszuleben. Die Begegnungen, die unter dem Einfluss dieses Aspekts unser Leben bereichern werden, sind einzigartig, und wir werden den Eindruck haben, dass etwas Schicksalhaftes geschehen ist. Unter Umständen könnte der Mensch, den wir treffen werden, in unserem Leben einen unauslöschlichen Eindruck hinterlassen. Derartige Liebesbeziehungen werden niemals vollständig enden, sie werden selbst eine Trennung überleben und für immer in unseren Herzen eingeschlossen bleiben. Wir sollten uns ruhig von unseren Gefühlen gefangen nehmen lassen, denn solch starke Emotionen werden wir bestimmt nicht allzu häufig hegen. Die Beziehungen, die unter dem Einfluss dieses Transits beginnen, haben mehr Ähnlichkeit mit einer Achterbahn als mit einem Ort der Sicherheit.

Lilith im Spannungsaspekt zu Pluto

Es wird schwierig, sich unter diesem Transit von Verwicklungen und komplizierten Situationen fernzuhalten. Wenn wir dazu tendieren, uns in sado-masochistische Beziehungen zu verstricken, sind wir in diesem Zeitraum, in dem unsere Sinnlichkeit überhand nimmt, äußerst gefährdet. Die Liebesbeziehungen, die in dieser Zeitspanne entstehen, könnten innere Konflikte in uns verursachen. Es ist, als würden wir in ein brutales erotisches Erlebnis geradezu hineintreiben. Ohne uns dessen bewusst zu sein, lassen wir uns in Situationen verwickeln, die uns nur Leid, Demütigung und Ohnmachtsgefühle bringen. Extreme Phantasien sind nicht auszuschließen. Es ist besser, sich solche Phantasien nicht in allzu heftiger Weise auszumalen, denn eines Tages könnten Ereignisse eintreten, in denen sie Wirklichkeit werden. Das Risiko bei diesem Transit besteht darin, dass das, was einmal als ein von Neugier gesuchtes Experiment begonnen hat, in sexuelle Abhängigkeit umschlägt.

Es ist nicht auszuschließen, dass wir feststellen müssen, von unserem Partner betrogen zu werden. Aber auch wir könnten den Wunsch haben, gemeinsam mit anderen Menschen neue Empfindungen auszukosten und somit unsere feste Partnerschaft aufs Spiel setzen.

Wir sollten gut Acht geben, denn jedes unter dem Einfluss von Lilith/Pluto-Kontakten begonnene Verhältnis neigt dazu, derart intensiv zu werden, dass man sich bedingungslos darin verstrickt. Unter diesem Transit besteht das Risiko, sich vollständig an einen anderen Menschen zu verlieren. Und es ist nicht selten, dass es Personen sind, die gar nicht zu einem passen und mit denen ein gemeinsames Leben nicht vorstellbar ist, die einen aber wie ein Magnet anziehen.

Auch innerhalb unserer Familie können wir heftige Auseinandersetzungen erleben, mit den Eltern, aber auch mit unseren Geschwistern. Diese Konflikte zeigen uns deutlich, dass wir uns endlich von ihnen ablösen und die Nabelschnur durchtrennen müssen, damit wir unser Leben selber gestalten können.

Erfahrungen von Einsamkeit, Niedergeschlagenheit und Entbehrung sind Erscheinungen dieses Transits, selbst mit Trauerfällen ist während dieser Zeit zu rechnen. Falls wir Derartiges durchleben, sollten wir uns zurückziehen, um unserem Leid freien Lauf zu lassen, wir sollten den Prozess der Trauer auf keinen Fall zu unterdrücken versuchen. Er könnte sonst in einer verzerrten, wenig natürlichen Art und Weise zum Ausdruck kommen.

Die langsamen Planeten
im Transit zu Lilith

Jupiter in Konjunktion zu Lilith

Der Transit wirkt sich auf unser Bedürfnis nach Erweiterung und Produktivität aus. Was unsere Kreativität anbelangt, ist die Phase, die wir momentan durchleben, äußerst fruchtbar. Der Erfolg ist garantiert – vorausgesetzt, dass wir auch genügend Vertrauen in unsere Fähigkeiten besitzen. Charakteristisch für diesen Zeitraum ist die Freude, mit der wir viele Aktivitäten in Angriff nehmen.

Die einzige Gefahr, die dieser Aspekt birgt, besteht darin, dass wir uns zu selbstsicher fühlen und uns deshalb nicht bescheiden genug benehmen. Wie bei jedem Transit von Jupiter tendieren wir auch in diesem Zeitraum dazu, zuviel von jeder Situation zu erwarten und leicht enttäuscht zu sein, wenn unsere Erwartungen nicht ganz so, wie wir es uns vorgestellt haben, in Erfüllung gehen. Falls wir unsere Verdienste allzu laut hinausposaunen, könnte uns dies die Sympathie unserer Mitmenschen kosten. Wenn uns die anderen als anmaßend und überheblich einschätzen, besteht die Möglichkeit, dass wir ins Abseits geraten. Andererseits könnten sich die Menschen in unserer Umgebung auch dann zurückziehen, wenn wir uns ständig jeder Situation gewachsen zeigen, da sie sich in unserer Gegenwart überflüssig fühlen. Falls diese Beschreibung auf uns zutrifft, sollten wir gerade jetzt lernen, uns innerhalb unserer eigenen Grenzen zu bewegen und den Impuls unterdrücken, in jeder Situation gewinnen zu wollen. Für den Fall, dass unsere »Vollkommenheit« bei anderen Menschen nur noch Argwohn erregt, sollten wir uns bemühen, uns ein wenig zurückzunehmen.

Während dieses Zeitraums erleben wir einen übertriebenen Drang nach erotischen Genüssen. Wir müssen denken, dass Jupiter jeden astrologischen Faktor, den er berührt, in seinem Ausdruck intensiviert. Lilith ist reine tabulose sexuelle Energie. Wenn Jupiter diesen sensitiven Punkt im Horoskop aktiviert, könnte ein geradezu unersättliches sexuelles Bedürfnis die Folge sein. Wir werden zu Exzessen neigen, und unsere Gier könnte uns auf der Suche nach immer raffinierteren körperlichen Verlockungen in erotische Abenteuer treiben, die alle Grenzen überschreiten. Unsere Phantasie ist ungebremst und unser heftiges Verlangen drängt unser Bewusstsein dazu, sich immer mit Sex zu beschäftigen. Der Wunsch, möglichst viele Erfahrungen auf diesem Gebiet zu sammeln, führt dazu, dass wir zu jeglicher Art von Abenteuer bereit sind, sofern wir davon nur stimuliert werden. Solange wir diese Sucht von der heiteren, spielerischen Seite her betrachten, wird sie uns keine Probleme bereiten. Wenn wir nichts darauf geben, was die anderen über unser Verhalten denken mögen, dann steht uns eine Zeit voller Überraschungen bevor.

Jupiter in harmonischem Aspekt zu Lilith

Während dieses Transits wird sich das Selbstvertrauen in unsere Fähigkeiten verstärken. Möglicherweise kommen uns ganz neue Ideen, wie wir unsere Potentiale kreativ entfalten können. Mehr als sonst empfinden wir Genugtuung bei dem, was wir herstellen oder künstlerisch schaffen. Ein Gefühl größter Befriedigung wird uns erfüllen. Nicht nur in der kreativen Beschäftigung leisten wir ausgezeichnete Arbeit, auch die Frau, die bisher aus Bequemlichkeit oder Erziehung Betätigungen gescheut hat, die ihr Mann immer ganz selbstverständlich erledigt hat, fängt an zu lernen, wie man beispielsweise einen defekten Wasserhahn wieder in Ordnung bringt oder beginnt damit, kleinere Reparaturen selbst zu erledigen. Dies kann aus einer

Notwendigkeit heraus geschehen und stärkt gleichzeitig ihr Selbstwertgefühl. Männer dagegen können in diesem Zeitraum mit Dingen anfangen, die bisher die Frau in der Familie erledigt hat. Das beträchtliche Maß an Anerkennung und Zustimmung, das man ihnen entgegenbringt, erfüllt sie mit Stolz.

Im Allgemeinen räumt das Vertrauen in unsere eigenen Fähigkeiten Hindernisse beiseite, die uns vom Erreichen unseres persönlichen Erfolgs abhalten könnten. Was uns stolz macht, ist die Tatsache, dass alle die Voraussetzungen, die wir für die Verwirklichung der persönlichen Ziele benötigen, vorhanden sind. Es kann sogar sein, dass wir dabei Hilfsangebote einflussreicher Personen ausgeschlagen haben, die uns den Weg zwar erleichtert, andererseits aber – wie wir richtig vermuten – bestimmte Gegenleistungen von uns erwartet hätten.

Auch unser Umgang mit Geld hat sich deutlich verbessert, doch ist nicht nur der Zuwachs an materieller Sicherheit wichtig. Bedeutender ist die innere Bereicherung, die wir auf dem Weg zu unseren Zielen erfahren haben. Wir haben neue Dinge erlernt und unsere Kenntnisse auf dem Gebiet vergrößert, in dem wir tätig sind. Unsere neuen Errungenschaften sind ein wertvolles Gut, das unsere bereits vorhandenen Qualitäten noch erweitert. Dieser Transit kann als die Krönung unserer Mühen und Anstrengungen jener Zeit angesehen werden, als schwierige Transite unsere Radix-Planeten unter Druck gesetzt haben.

Es ist von lebenswichtiger Bedeutung, dass wir in dieser Phase einen wirklich tiefen Sinn für unsere eigene Existenz entwickeln. Wir werden uns bewusst, dass sämtliche Erfahrungen, die wir bislang gemacht haben, selbst die widersprüchlichsten, unser Leben wie ein unsichtbarer roter Faden durchziehen. Jetzt ist der geeignete Augenblick gekommen, sich zu fragen, welche Bedeutung sie für unsere Entwicklung hatten. Die Lehren, die wir aus diesen Erfahrungen gewonnen haben, können uns nun bei unserer weiteren Entwicklung behilflich sein.

Jupiter im Spannungsaspekt zu Lilith

Während dieses Transits verschärft sich das Verlangen nach ständiger Ausweitung der eigenen Persönlichkeit, und das Bedürfnis nach Unabhängigkeit und nach Selbstverwirklichung wird geradezu unerträglich.

Die Gier, etwas herzustellen oder anzusammeln, könnte Furcht erregenden Ausmaße annehmen. Außerdem laufen wir Gefahr, dass Geld auf unserer persönlichen Werteskala den ersten Rang einnimmt, dass wir letzten Endes sogar in sklavische Abhängigkeit davon geraten. Unersättlichkeit und Gier sind die negativen Auswirkungen dieses Transits.

Zwar könnten uns unsere Ambitionen hoch hinaus führen, doch könnten andererseits Neider danach trachten, unser Image zu beschädigen. Und tatsächlich sind wir in diesem Zeitraum der Gefahr ausgesetzt, das Opfer von Verschwörungen zu werden, gerade weil der Neid, den wir mit voller Absicht bei anderen freisetzen, sich zu unserem Nachteil auswirken kann.

Wir fühlen uns dazu bereit, alles zu unternehmen, um die selbst gesteckten Ziele zu erreichen. Passen wir jedoch nicht auf und nehmen uns nicht rechtzeitig zurück, dann können wir unweigerlich in unsaubere Machenschaften verstrickt werden. Als Folge davon gehen wir das Risiko ein, entlarvt zu werden und das Gesicht zu verlieren.

Saturn Konjunktion Lilith

Wie alle Konjunktionen, die Saturn zu den Radix-Planeten bildet, ist auch dies ein dornenreicher Transit, der sich in einem starken Gefühl der Frustration niederschlagen kann. Die ursprüngliche Energie der Persönlichkeit, die von Lilith symbolisiert wird, ist blockiert, wir fühlen uns in diesem Zeitraum unfähig zu spontanen Reaktionen und vermögen nicht, der in uns wohnenden Kreativität eine Ausdrucksmöglichkeit zu verschaffen.

Es ist durchaus möglich, dass wir uns unfähig fühlen, die vielen Ideen, die zur Zeit im Embryonalzustand in uns schlummern, auf wirklich befreiende Weise auszuleben. In dieser Phase fließt die Energie nicht so, wie wir gerne hätten. Allerdings könnte diese erzwungene Ruhepause durchaus notwendig sein, sofern wir uns in letzter Zeit mit unserer Arbeit übernommen haben, weil wir dabei lediglich die Befriedigung im Auge hatten, die wir empfinden, wenn wir im Mittelpunkt stehen. Zu oft haben wir dabei jedoch die Substanz und die Authentizität dessen aus dem Blickwinkel verloren, was wir auszudrücken beabsichtigten. Während dieses Transits, in dem wir uns ein wenig isoliert und inaktiv vorkommen, könnten aus der Tiefe unserer Seele neue Impulse und Anregungen auftauchen. Sie gelangen nicht sofort an die Oberfläche, sondern brauchen einige Zeit, um heranzureifen. Wir sollten uns wirklich eine Ruhepause gönnen, ohne uns allzu große Sorgen über unsere verschwundene Lebensenergie zu machen.

Wenn uns Transite auf Lilith oder von Lilith zu den persönlichen Planeten beeinflussen, kann ihre Auswirkung sich oft als Schlachtfeld für eine bestehende Beziehung zwischen Mann und Frau, aber auch innerhalb homosexueller Beziehungen erweisen.

Machtkämpfe jeglicher Art sollten jedoch in diesem Zeitraum unterlassen werden, denn auch hierzu fehlt uns die nötige Stärke; viel weiser ist es, sich von Situationen fern zu halten, von denen wir im Voraus wissen, dass sie nur unterdrückten Ärger und Ohnmachtsgefühle mit sich bringen.

Angesichts der Tatsache, dass jede astrologische Konstellation zwiespältige Einflüsse auf uns ausübt, ist es denkbar, dass wir während dieses Transits diametral entgegengesetzte Probleme durchstehen müssen. Das würde bedeuten, dass wir uns über unsere Gaben und Fähigkeiten nicht im Geringsten im Klaren sind.

Gesellschaftliche und materielle Misserfolge könnten das Ergebnis einer misstrauischen Einstellung sein, die andere uns gegenüber an den Tag legen. Ein weiterer Grund mag unsere Verweigerungshaltung sein, unsere Unduldsamkeit hinsichtlich jeder Form von Autorität. Die Respektlosigkeit, mit der wir unseren Vorgesetzen begegnen, könnte jedes berufliche Weiterkommen bremsen.

Eine weitere, wenig glückliche Auswirkung dieses Transits ist die ständige Zunahme unserer Ansprüche. Wir könnten daher in Gefahr geraten, über unsere Verhältnisse zu leben. Die Versuchung, mehr auszugeben als wir verdienen, könnte dazu führen, dass wir uns verschulden. Falls wir ohnehin schon Schwierigkeiten haben, vernünftig mit unserem Geld umzugehen, sollten wir Acht geben, dass wir unsere Frustrationen nicht kompensieren, indem wir unser Geld zum Fenster hinauswerfen.

Lilith kann in einem Horoskop, in dem eine Tendenz zum Suchtverhalten angezeigt ist, als Katalysator dieser Thematik wirken. Wenn Jupiter einen Spannungstransit zu Lilith bildet, können sich Suchtverhalten wie Esssucht, Kaufsucht und Vergnügungssucht entwickeln.

Saturn in harmonischem Aspekt zu Lilith

Eros erkaltet während dieses Transits. Das Interesse, das wir der Sexualität entgegenbringen, ist gering. Wenn wir ein Mensch sind, der bislang eine reges, reizvolles Sexualleben geführt hat, können wir uns beunruhigt fühlen. Es besteht allerdings kein Grund zur Sorge, ist dieses Nachlassen der sexuellen Energie doch nur vorübergehender Art sowie auf die Auswirkungen der Konstellation zurückzuführen. Möglicherweise verspüren wir auf diese Weise das Verlangen, zu allem und jedem Distanz zu halten, uns in uns selbst zurückzuziehen und unsere Gedanken zu ordnen. Die Einsamkeit könnte sich daher als guter Freund erweisen. Beide Prinzipien, Saturn und Lilith, scheuen das Alleinsein nicht, das sich in die Stille Zurückziehen ist sogar Teil ihrer Natur. Allein auf sich selbst gestellt oder in engem Kontakt mit der Natur könnten wir die Beziehung zu unserer Seele und unserem innersten Wesenskern wiederherstellen. Eine neue Kreativität und ein unbekannter Einfallsreichtum offenbaren sich unserem Innersten und lassen uns neue Interessensgebiete entdecken. Falls wir nicht viel von den materiellen und emotionalen Genüssen dieser Welt halten, falls wir eher der Askese zuneigen oder sehr mystisch sind, dann ist es denkbar, dass wir in diesem Augenblick eine Entscheidung treffen, die unser ganzes Leben beeinflussen wird. Wir ziehen uns zurück und entschließen uns freiwillig dazu, abgeschieden und ehelos zu leben.

Ist uns das andere Geschlecht eher gleichgültig oder legen wir keinen Wert auf ein Zusammenleben mit einem Partner oder einer Partnerin, so kann es sein, dass wir uns dazu entschließen, unseren Weg weiterzugehen, ohne uns von Verwandten und Bekannten beschwatzen zu lassen, die uns fortwährend die schlimmsten Beispiele zur Abschreckung vorführen, in der Hoffnung, uns letztendlich doch noch zur Kapitulation bewegen zu können.

Jetzt ist der geeignete Zeitpunkt gekommen, um Zugang zu weitaus tieferen Werten zu erlangen als zu weltlichen, materiellen Erfolgen. Die Substanz aller Dinge ist es, die uns während dieser Zeit interessiert, nicht jedoch ihre Oberfläche. Die Distanz, die wir zu allem einnehmen, das uns oberflächlich erscheint, führt schließlich dazu, dass wir einen Weg einschlagen, auf dem wir neue kulturelle und spirituelle Interessen entdecken, die Einfluss auf unser künftiges Leben haben werden und uns bewusster und innerlich reifer werden lassen.

Saturn im Spannungsaspekt zu Lilith

In dieser Phase könnte eine depressive, pessimistische Stimmung uns von unseren Mitmenschen isolieren. Obwohl diese Isolation nicht ungelegen kommt, verschafft sie uns keinen

Trost und keine Erholung von den Kämpfen des Lebens; sie wird vielmehr charakterisiert durch ein Gefühl der Verlassenheit und Trostlosigkeit. Vermutlich werden wir mit gemischten Gefühlen unser Bedürfnis nach Einsamkeit ausleben, denn wir befürchten, endgültig von unserer Umgebung abgeschnitten zu werden.

Von einem Übermaß an Sex kann in dieser Zeit keine Rede sein. Enttäuschungen auf emotionalem Gebiet könnten damit einhergehen. Wichtigste Ursache ist eine physische Blockade, die uns momentan zu schaffen macht und die sich – sofern wir uns dieses Problem allzu sehr zu Herzen nehmen – zu einer Neurose ausweiten könnten. Der geringe körperliche »Appetit« ist nicht auf organische oder hormonelle Störungen zurückzuführen. Es besteht kein Anlass zur Sorge, wenn wir uns innerlich nicht entspannen können, uns fehlt auf der Ebene der Gesundheit nichts. Derartige Symptome sind vielmehr ein Hinweis darauf, dass im Gefühlsleben etwas nicht so funktioniert, wie es eigentlich sollte.

In unserem Radix-Horoskop sind vielleicht Hinweise vorhanden, die auf schwierige Kindheitserlebnisse hindeuten, so sind z. B. schwierige Mond/Saturn-Aspekte der Ausdruck dafür, dass wir von unseren Eltern wenig Wärme und Anteilnahme erhalten haben und unser Verlangen nach Liebe unerfüllt geblieben ist. Solche negativen Erinnerungen werden durch diesen Transit wieder ins Bewusstsein gerufen und verstärken unseren momentanen Leidensdruck. Vielleicht erleben wir eine Wiederholung der Vergangenheit und stellen fest, dass es in unseren derzeitigen Freundschaften an Wärme mangelt. Aus derartiger Erfahrung resultiert unser Verlangen nach Kompensation und Entschädigung.

Es kann sein, dass wir ein heftiges Bedürfnis nach Zuneigung empfinden, die wir aber leider zur Zeit nicht bekommen, was uns natürlich sehr verletzt. Die Folge davon ist vielleicht eine verstärkte Distanzierung von unserer Umgebung, was uns wiederum noch weiter entfremdet.

Beziehungen, die sich nur noch so dahinschleppen, könnten jetzt, womöglich ohne große emotionale Verluste, ihr Ende finden. Eine Zeit der Einsamkeit wird eintreten, der wir aber keinesfalls entfliehen sollten, indem wir nach neuen Freundschaften oder intimen Bindungen Ausschau halten, da diese sich unter Umständen als weniger befriedigend erweisen als die alten. Die Lilith-Seite in uns fühlt sich besser allein als unverstanden und nicht voll akzeptiert in einer Freundschaft, die wir vielleicht eingehen, um uns nicht einsam zu fühlen.

Am besten wäre es, emotionalen Verwicklungen eine Zeit lang aus dem Weg zu gehen und sich ein wenig abseits zu halten. Mit der Zeit wird unsere Energie wiederhergestellt sein.

Uranus in Konjunktion zu Lilith

Zwei ähnliche Prinzipien vereinigen sich, die Folge ist die Konfrontation mit einem gewaltigen, absoluten Verlangen nach Freiheit. Damit geht eine Zeit umwälzender Veränderungen einher, die unser Gefühlsleben und unsere individuelle Verfassung beeinflussen. Die Auswirkung von der Konjunktion zwischen Uranus und Lilith wird vom Horoskopeigner als sehr stark empfunden, auch wenn gleichzeitig keine bedeutenden Transite das Horoskop beeinflussen.

Emotionale Erschütterungen sind nicht auszuschließen. Aus heiterem Himmel könnten wir zu drastischen, stark instinktiv gefärbten Reaktionen neigen, die von unserer Vernunft kaum zu kontrollieren sind. Uranus verkörpert das Prinzip der Veränderung, Lilith stellt die Fähigkeit dar, aus einer Krise um den Preis von Verlusten auszubrechen, beider Verbindung erweckt das Verlangen, sich selbst herauszufordern und drastisch auf Einschränkungen zu reagieren.

Wir werden unter der Auswirkung dieser Konstellation aus dem Bauch heraus statt mit dem Kopf agieren. Falls wir derartige Erlebnisse nicht schon von früher her kennen, haben wir vielleicht zudem das Gefühl, den Verstand zu verlieren. Ein Mensch, der in der Regel seine Entscheidungen wohl überlegt und der andererseits gewisse Schwierigkeiten hat, mit Veränderungen fertig zu werden, kann von diesem Transit erschüttert werden.

Unerwartete erotische Abenteuer könnten uns in gefährliche und nur schwer zu bewältigende Situationen bringen. Solche Beziehungen können sich als ausgesprochen gefährlich erweisen. Wir laufen Gefahr, uns auf Personen einzulassen, die nicht unbedingt zu uns passen, die keinerlei Bindungen eingehen wollen und ihre eigenen Rechte über die unseren stellen. Dabei handelt es sich meist um Individuen, die bereit sind, sofort abzutauchen, wenn von ihnen auch nur die kleinste Kleinigkeit gefordert wird. Mit ihnen eine Beziehung einzugehen, stellt eine Herausforderung an den gesunden Menschenverstand dar. Auf der anderen Seite scheint es sich in dieser Zeitspanne so zu verhalten, dass uns Herausforderungen dieser Art besonders anziehen.

Beziehungen, die sich nur noch müde dahinschleppen, werden diesen Transit möglicherweise nicht überleben. Unter seinem Einfluss brennt in jeder Hinsicht ein enormes Verlangen nach aufregenden, stimulierenden, lustvollen Erlebnissen. Die Sexualität wird jetzt zu einem der wichtigsten Faktoren unseres Lebens, vielleicht sogar zu der einzigen Kraft, die uns antreibt.

Das Experimentieren mit den verschiedenen Arten der Erotik wird für die Horoskopeigner, die den Mut dazu besitzen, eine der angenehmsten Auswirkungen dieser Konstellation sein.

Männer unter dem Einfluss dieses Transits finden am meisten Gefallen an Frauen, die originell, kämpferisch, unkonventionell und emanzipiert sind und die eine ungestüme Erotik ausstrahlen – Frauen, die nicht gerade dazu geeignet sind, ihr Leben am Herd zu verbringen. Daher sollten sie sich – sofern sie Männer mit »gesunden« altüberlieferten Prinzipien sind – keinerlei Illusionen über diese Art von Frau machen, denn es wird ihnen niemals gelingen, sie zu bändigen und zu Heimchen am Herd zu machen.

Frauen, die bislang die traditionelle Frauenrolle gelebt haben, fällt es plötzlich wie Schuppen von den Augen, dass es so nicht weitergehen kann. Ihr weibliches Bewusstsein ist dabei, sich zu verändern. Kampfbereit reagieren sie auf die Stagnation, die das graue Alltagsleben mit sich bringt und sie fühlen sich in der Lage, allen äußeren Widerständen entgegenzutreten.

Wirkt die Energie dieses Transits allzu stimulierend, besonders bei Horoskopeignern mit viel Feuer und Luft in den Geburtsbildern, könnte dies zu nervösen Störungen führen, die aus einer emotionalen Überreizung herrühren. Die entsprechenden Symptome reichen von nervösem Herzklopfen, wenn die Radix-Sonne an dieser Konstellation beteiligt ist, über Schlafstörungen, wenn der Radix-Mond gleichzeitig stimuliert wird, bis hin zu einer Neigung zu Unfällen, wenn Radix-Mars bei diesem Transit eine Rolle spielt. Doch stellt dies keinen Anlass zu übermäßiger Beunruhigung dar. Es handelt sich nicht um extreme Äußerungen, vielmehr ist es eine innere Erregung, die derlei Scherze mit uns treibt.

Uranus in harmonischem Aspekt zu Lilith

Unter dem Einfluss dieses Transits fühlen wir in uns das Bedürfnis, uns von anderen zu unterscheiden. Dies äußert sich in einem heftigen Unabhängigkeitsverlangen und in spontanen Entscheidungen. Es ist eine Zeit für uns gekommen, in der wir den starken Wunsch nach kreativer Betätigung verspüren und uns auf neuartige Gefühle einlassen wollen, die tiefer gehen als bisher. Es kommt uns vor, als würden wir zu all den Menschen und Dingen hingetragen, die unsere Eigenständigkeit und Einmaligkeit betonen.

Denn nichts ist wichtiger während dieses Transits, als sich von anderen abheben und unterscheiden zu können, als etwas Besonderes und Einzigartiges zu sein; vielleicht rührt daher auch unser ausgeprägter Widerspruchsgeist. Wir werden allem aus dem Weg gehen, das uns banal oder selbstverständlich vorkommt. Wir sollten dabei aber aufpassen, dass wir uns nicht vollständig von den anderen absondern – auch ganz besondere Menschen benötigen hin und wieder ihren Nächsten.

Im Liebesleben begeben wir uns auf die Suche nach Menschen, mit denen wir eine auf Gleichberechtigung gegründete Beziehung aufbauen können – einem Gefährten oder einer Gefährtin zum Pferdestehlen. In dieser Phase wollen wir unseren eigenen Kopf durchsetzen und wenn es uns nicht gelingt, eine offene und aufrichtige Freundschaft zu leben, bleiben wir lieber allein, als uns mit Machtkämpfen und Eingrenzungen zu belasten. Eine aufregende Freundschaft, in der auch heftigere Empfindungen durchaus möglich sind, ist genau das, was wir momentan suchen. Die ideale Partnerschaft ist diejenige, in der »Fenster und Türen immer geöffnet bleiben müssen« und die Raum für getrennte, individuelle Erfahrungen lässt.

Wichtig ist nun, unsere Sexualität frei und unbefangen auszuleben. Es bereitet uns Freude, neue Empfindungen zu verspüren und zu genießen. Gesetzt den Fall, dass wir uns unvoreingenommener als sonst fühlen, könnten wir auch den Mut aufbringen, vollkommen neue und grenzüberschreitende Erfahrungen zu machen, wobei wir uns köstlich vergnügen werden.

Das Gefühlsleben wird allerdings reichlich diskontinuierlich verlaufen. Es könnte sein, dass sich Phasen großer Begeisterung mit Zeiten der Auflehnung oder der Unduldsamkeit abwechseln. Was uns am meisten am Herzen liegt und auch gelingt, ist, niemandem gegenüber Rechenschaft ablegen zu müssen und unseren eigenen Instinkten zu folgen. Häufig kommt es jetzt ganz impulsiv zu launischen Ausbrüchen. Dies sind Momente, in denen es uns ganz und gar nicht gefällt, andere Menschen in unserer Umgebung zu wissen. Sehr wichtig ist uns, niemandem etwas schuldig zu sein. Es stört uns beträchtlich, für irgendeinen Gefallen, den man uns geleistet hat, ewige Dankbarkeit zeigen zu müssen. Eher verzichten wir darauf, einen anderen Menschen um einen Gefallen zu bitten, als uns hinterher zu irgendetwas verpflichtet zu fühlen oder gar in Abhängigkeit zu geraten.

Uranus im Spannungsaspekt zu Lilith

In dieser Zeit müssen wir lernen, unsere inneren Kräfte zu mobilisieren, denn sie ist durch mächtige innere Konflikte gekennzeichnet, die auf ein zwiespältiges Verlangen nach Unabhängigkeit zurückgehen. In Phasen wie dieser, die durchaus nicht frei von widersprüchlichen und teilweise sogar aufwühlenden Empfindungen sind, könnten wir das Gefühl haben, gegen Windmühlen anzukämpfen. Es hat den Anschein, als würden sich alle anderen zwischen uns und unser Bedürfnis nach völliger Freiheit stellen.

Mit einem Mal fühlen wir das heftige Verlangen, selbst aus unseren engsten Beziehungen auszubrechen, da wir darin wie in einem Käfig leben. Unsere geheimsten und intensivsten emotionalen Bedürfnisse stehen sowohl den Empfindungen unserer Partner als auch denen unserer Verwandtschaft gegenüber. Was uns aber am meisten zur Verzweiflung bringt, ist der Umstand, dass wir uns nicht richtig und vollständig freimachen können. Bei jedem Schritt in Richtung Unabhängigkeit treffen wir auf ein äußeres Hindernis.

Falls der Radix-Mond auf irgendwelche Weise bei diesem Transit beteiligt ist, kann es vorkommen, dass sich der vergebliche Wunsch nach Freiheit auf unsere körperliche Verfassung auswirkt. Mögliche Beschwerden sind nervöse Störungen. Der Sinn dieses Transits ist, dass wir lernen, eine autonome Persönlichkeit zu werden. All die Kämpfe, die wir durchstehen müssen, dienen nur unserer Stärkung und lassen uns zäher werden. Sobald der Prozess der Individualisierung seine ersten Früchte trägt, nehmen die Störungen an Intensität ab, bis sie schließlich ganz verschwunden sind.

Das Übertreten von Verboten könnte in dieser Phase eine sehr einladende Verlockung darstellen. Doch sollte man darauf achten, die Spielregeln nicht völlig in Frage zu stellen. Dem Partner der besten Freundin oder der Lebensgefährtin des besten Freundes Annäherungen zu machen, dürfte sich als äußert gefährlich erweisen, es ist besser, wenn wir unser Verlangen in eine andere Richtung lenken, weil es nicht auszuschließen ist, dass wir unter diesem Spannungsaspekt das Gesicht verlieren können und uns mit unserem unfairen Verhalten einen Feind oder eine Feindin für den Rest unseres Lebens schaffen.

Auch der starke Wunsch, sich von anderen zu unterscheiden und in gewisser Weise etwas Besonders zu sein, kann uns in dieser Phase teuer zu stehen kommen. Dieser Transit hat zwei unterschiedliche Seiten. Zwar könnte es uns durchaus gelingen, uns aus der Masse der Normalsterblichen herauszuheben, doch besteht auf der anderen Seite auch die Gefahr der Isolierung. Wenn wir uns in einen Elfenbeinturm einsperren, könnte es uns schwer fallen, ihn wieder zu verlassen.

Neptun in Konjunktion zu Lilith

Lilith hat im Allgemeinen eine starke Verbindung zu der Macht des Geistes und kann sich in einer starken intellektuellen Erregung bis hin zu wahren paranormalen Fähigkeiten äußern. Viele Medien, Okkultisten und Heiler haben Lilith in ihren Horoskopen in einer bedeutenden Platzierung. Wenn Neptun sich Lilith als Transit nähert und es im Radix-Horoskop Hinweise dafür gibt, dass der Horoskopeigner zu okkulten und medialen Fähigkeit neigt, könnte der Zeitpunkt für ihn gekommen sein, sich mit diesen Tendenzen zu konfrontieren und sie schließlich ausbilden.

Innere Unzufriedenheit belastet uns während dieses Transits. Doch obwohl wir es versuchen, will es uns nicht gelingen herauszufinden, was uns wirklich fehlt. Und so werden wir uns wahrscheinlich auf die vergebliche Suche nach etwas Ungreifbarem machen. Unser Leben mit seinen täglichen Lasten und Pflichten wird uns nicht länger befriedigen. Falls wir nicht in der Lage sind, unsere Existenz grundlegend zu ändern, kann es sein, dass sich unsere blühende Vorstellungskraft überschlägt und dazu führt, dass wir in einer Phantasiewelt äußerst erfüllende Abenteuer erleben, die uns ein wohltuendes Gefühl verschaffen. Die Rückkehr in die Normalität lässt dann jedoch alles noch deprimierender erscheinen. Die Gefahr, die dieser Transit birgt, besteht darin, den Kontakt zur realen Welt zu verlieren und dem Leben gegenüber eine negative Haltung einzunehmen. Archetypische Situationen drohen aus den Tiefen unserer Seele emporzusteigen und unser Bewusstsein zu beherrschen. Wenn dieser Transit eine im Radix-Horoskop bestehende Tendenz zu Realitätsflucht oder zu Drogenkonsum aktiviert, besteht die Gefahr, dass die Flucht in Drogen oder Alkohol als Mittel gegen depressive Gefühle oder gegen Unzufriedenheit dient. Der Versucht, diese Gefühle zu betäuben, ist eines der Risiken unter dieser Konstellation.

Das Verlangen nach leidenschaftlichen erotischen Abenteuern, durch die wir uns gedemütigt fühlen, von denen wir aber trotzdem nicht lassen können, kann uns in sexuelle Abhängigkeit bringen. Der latente Masochismus unserer Persönlichkeit (wenn im Horoskop Hinweise dafür sind), könnte von diesem Transit freigesetzt werden. Eventuell treffen wir auf Menschen, die uns mit ihrer starken erotischen Ausstrahlung zu Sklaven unserer Gefühle machen, ohne uns aber ihr Herz zu schenken. Somit könnte unser Durst nach Zuneigung ein weiteres Mal unbefriedigt bleiben. Das starke erotische Verlangen, das von Lilith symbolisiert wird, kann auch unbefriedigt bleiben, weil wir uns in Menschen verlieben, die mit uns keine sexuelle Beziehung eingehen dürfen oder können (Geistliche, Homosexuelle).

Drogen und Alkohol könnten von uns dazu missbraucht werden, unser sexuelles Empfinden zu steigern, da wir möglicherweise den Wunsch hegen, uns ohne Rücksicht auf irgendwelche Verbote dionysischen Vergnügungen hinzugeben.

Es besteht die Tendenz, dass wir uns in Liebesaffären verwickeln, von deren Existenz niemand etwas erfahren darf.

Neptun in harmonischem Aspekt zu Lilith

Unsere Intuition und unser Instinkt werden sich in den nächsten zwei Jahren sensibilisieren. Wenn es sich bei dem Horoskopeigner um einen künstlerisch begabten Menschen handelt, ist davon auszugehen, dass eine ziemlich lange Phase hypersensibler Kreativität durchlebt wird. Dasselbe gilt für die Inspiration. Daher wird er vermutlich unter dem Einfluss dieses Transits Werke erstellen, die zu seinen ausdrucksstärksten gehören. Sollte er dagegen über mediale Fähigkeiten verfügen, so werden diese noch weiter verstärkt. Übersinnliche Erlebnisse könnten jetzt immer häufiger auftreten. Welche Erfahrungen wir in den kommenden Jahren auch machen, sie werden auf jeden Fall psychische Veränderungen bei uns bewirken. Dank unserer inneren Wandlungsfähigkeit wird sich unsere Sicht des Lebens deutlich erhellen.

Wenn in unserem Horoskop bereits auf ein Interesse für mystische Fragen hingewiesen wird, so ist es denkbar, dass wir in den kommenden Jahren ein Verlangen verspüren, uns von allem zu trennen, was rein materiell ist. Es kann eine initiatorische Reise beginnen, der wir mit aller Hingabe folgen werden und die zur Verwirklichung unserer Spiritualität führt. Wahrscheinlich werden wir versuchen, den von Lilith symbolisierten Geschlechtstrieb zu sublimieren, in der Hoffnung, dass er sich in freigesetzte Energie verwandelt.

Aber es gibt noch eine andere Möglichkeit, die mit diesem Transit zusammenhängt. Verweist unser Horoskop auf eine Dominanz solcher Konstellationen, die vor allem die sexuelle Seite unserer Persönlichkeit stärken, dann werden wir uns auf die Suche nach wahrhaft erotischen Gelüsten machen. Befriedigen unsere intimen Beziehungen uns nicht mehr, so ist es möglich, dass wir bereits erloschene Lust neu entfachen. Eventuell neigen wir dazu, uns auf geheime Liebesaffären einzulassen.

Neptun im Spannungsaspekt zu Lilith

Während dieses Transits wird ein ständiger Wechsel von Licht und Schatten, von Vergnügungen und Entbehrungen, von Leidenschaft und Askese vorherrschen. Ein Gefühl der Unzufriedenheit könnte während dieser Phase zum Tragen kommen. Innere Unruhe und Ziellosigkeit treiben uns dazu an, in immer ausgefalleneren Erlebnissen Befriedigung zu suchen. Das Bedürfnis, dem grauen Alltag zu entfliehen, könnte sich steigern. Dies birgt die Gefahr in sich, dass wir nach »künstlichen Paradiesen« suchen, um der Realität auszuweichen, die als immer bedrückender empfunden wird. Angesichts der Tatsache, dass sich in diesem Zeitraum das ganze Alltagseinerlei zunehmend unerträglich gestaltet, versuchen wir sämtliche uns einengenden Verantwortlichkeiten abzuschütteln und in eine Welt zu fliehen, die von – oftmals beunruhigenden – Phantasien beherrscht wird.

Es ist nicht auszuschließen, dass wir während dieses Transits von Geistern der Vergangenheit heimgesucht werden, die uns quälen und dadurch unfassbare Ängste heraufbeschwören.

Alpträume könnten unsere Nächte betrüben, denn gerade in unseren Träumen gelingt es den beunruhigenden Bildern, die tagsüber – während wir bei vollem Bewusstsein sind – in den Tiefen unserer Seele eingesperrt sind, aus ihren Tiefen emporzusteigen.

Längst vergessene Erlebnisse könnten bei uns schwer kontrollierbare Neurosen bewirken. In dieser Zeit ist es durchaus ratsam, die Unterstützung eines Psychotherapeuten in Anspruch zu nehmen. Besonders sinnvoll scheinen in solchen Fällen die Reinkarnationstherapie oder die Regressionstherapie zu sein, da sie dazu geeignet sind, den Ursachen unserer Störungen auf den Grund zu gehen, indem sie uns auf einer Reise zurück in die Vergangenheit begleiten. Da dieser Heilungsprozess nur langsam verlaufen darf, um die Psyche nicht noch mehr zu belasten, sollte man auf keinen Fall Therapeuten aufsuchen, die derartige Praktiken in einem Wochenendseminar anbieten.

Wenn Tendenzen im Horoskop vorhanden sind, die selbstzerstörerische Verhaltensweisen anzeigen, können diese während des Transits verstärkt zum Ausdruck kommen. Schuldgefühle könnten sich mit Augenblicken völliger Hemmungslosigkeit abwechseln und uns zwischen wollüstiger Hingabe und Gefühle der Reuen hin- und herschwanken lassen.

Spannungstransite auf die Geburtsposition Liliths können sich als äußerst kreativ erweisen. Ein besonders kreativer Mensch hat jetzt die Gelegenheit, anhaltende Momente der Erleuchtung zu durchleben, die diese so beunruhigende Phase positiv beeinflussen. Seine Inspiration wird sich äußerst befruchtend auf ihn auswirken, und seine künstlerischen Erfahrungen sind dazu geeignet, die für diesen Transit typischen Augenblicke des Unbehagens auszugleichen.

Pluto in Konjunktion zu Lilith

Wenn wir in unseren Partnerschaften auf Harmonie und Frieden eingestellt sind, wird dieser Transit uns beunruhigen, denn während dieser Zeit könnte sich das Verhältnis zum anderen Geschlecht ausgesprochen kompliziert gestalten. Eine gewaltige Energie, die zu Zerstörung tendiert, um anschließend alles radikal neu zu gestalten, wird unser künftiges Leben beeinflussen. Intime Beziehungen, die sich unter der Auswirkung dieses Transits entwickeln, werden in ihrer Intensität möglicherweise solcherart sein, daß wir sie am tiefsten leben. Die mit der Liebe verbundenen Gefühle erweisen sich allerdings als sehr zwiespältig und widersprüchlich. Ohne Probleme werden diese Jahre sicher nicht verlaufen.

Sollten wir klare und überschaubare Situationen bevorzugen und keine allzu komplizierten Verwicklungen vertragen, dann wird diese Zeit vermutlich sehr schwer zu bewältigen sein. Außerordentlich extreme Ereignisse sind nicht auszuschließen. Möglicherweise werden wir sogar kämpfen müssen, um uns zu verteidigen und nicht überwältigt zu werden.

Menschen, mit denen wir in den nächsten Jahren zu tun haben werden, können sich als sehr dominant und manipulierend erweisen. Dabei gilt es für uns, Fähigkeiten wie Entschlossenheit und Mut zu entwickeln. Doch werden wir vor allem – wenn es für uns nicht so einfach ist – gezwungen sein zu lernen, in der Liebe »nein« zu sagen. Damit soll verhindert werden, dass andere unser Leben bestimmen.

Während dieses Zeitraums werden wir uns extremen Gefühlen wie der Eifersucht oder einem geradezu besitzergreifenden Verlangen ausgesetzt sehen. Es kann sein, dass es gerade der uns am nächsten stehende Mensch ist, der ein krankhaftes Misstrauen an den Tag legt. Es könnte sich aber auch genau anders herum verhalten. Es ist daher durchaus möglich, dass wir in eine Lage geraten, in der wir uns mit unserer eigenen Eifersucht auseinander setzen müssen. Die Bedeutung dieses Transits besteht darin, dass wir uns durch die Auseinandersetzung mit anderen Menschen Klarheit über unsere allertiefsten Bedürfnisse verschaffen. Wenn unseren Beziehungen keine Möglichkeit zur Veränderung gegeben wird, werden sie eventuell im Laufe dieser Jahre ein Ende finden.

Unter dem Einfluss dieses Transits müssen wir uns selbst übertreffen, um uns sämtlichen Machtansprüchen anderer zu widersetzen, ebenso allen schmerzbringenden Beziehungen sowie jeglichen Ausnutzungsversuchungen und der Tyrannei in der Partnerschaft. Gelingt uns das, so gehen wir daraus gestärkt und verändert hervor. Das gilt nicht nur für intime Bindungen, sondern für unsere gesamten zwischenmenschlichen Beziehungen.

Da es unter dieser Konstellation zu Störungen im Intimbereich kommen kann, ist es während der kommenden Jahre ratsam, dass Frauen, die darin nachlässig sind, sich regelmäßig ärztlichen Kontrollen unterziehen. Das gilt umso mehr, wenn in der Familie eine Anfälligkeit für Krankheiten, die die Brüste oder den Intimbereich betreffen, vorhanden ist.

Pluto in harmonischem Aspekt zu Lilith

Wie alle Transite von Pluto zum Schwarzen Mond beeinflusst auch dieser unsere Sexualität. Durch ein starkes Wiedererwachen des sexuellen Verlangens ist die Zeitspanne, in der der Transit wirksam ist, gekennzeichnet. Wir werden uns dazu angeregt fühlen, unsere Sexualität intensiver als bisher auszuleben. Auf der Gefühlsebene werden wir deutlich stärker reagieren als früher. Die erotischen Erlebnisse werden durch tief gehende Gefühle bereichert.

Aber nicht nur positive Gefühle werden durch den Transit ans Licht kommen. Die Entdeckung, dass wir fähig sind zu hassen sowie neidisch oder eifersüchtig zu sein, kann uns geradezu schockieren. Viel lieber würden wir dieses Etwas, das da in uns nagt, ignorieren. Wir werden Angst haben, diese negativen Empfindungen könnten bei fehlender Kontrolle all das, was wir aufgebaut haben, zerstören und die Menschen aus unserer Nähe vertreiben. Und so ziehen wir es vielleicht stattdessen vor, in aller Stille unsere »Hölle« zu leben. Mehr als einmal wird uns in diesen Jahren unsere Unfähigkeit bewusst werden, derartig unbequeme Gefühle einfach verschwinden zu lassen. Im Gegenteil: Wir könnten von ihnen überrascht werden, wenn wir am wenigsten damit rechnen. In diesem Zeitraum werden innere Konflikte noch unbewussten Ausmaßes an die Oberfläche gelangen und uns mit Nachdruck dazu veranlassen, uns mit ihnen zu beschäftigen, sie zu kanalisieren oder zu verarbeiten. Es werden keine einfachen Jahre sein, besonders wenn Pluto auch andere Stellen im Radix-Horoskop beeinflusst, die mit unserer Psyche zu tun haben. Die Gefühle, mit denen wir konfrontiert werden, werden äußerst schwierig zu handhaben sein.

Der Sinn dieses Transits besteht nun aber darin, die seit Jahren verborgene Wut und die unterdrückten Gefühle zu befreien, sich ihnen zu stellen und sie als unbequeme, aber lebensnotwendige Seiten unserer Persönlichkeit zu akzeptieren. Gelingt es uns, diese Gefühle ans Licht zu bringen, uns mit ihnen auseinander zu setzen und sie zu verarbeiten, dann könnten wir einen kreativen Schwung freisetzen, der es uns ermöglicht, wieder zu uns selbst zu finden. Die dunklen Seiten unseres Charakters werden sich verwandeln, und eine neue, konstruktivere Energie wird durch diesen Prozess freigesetzt.

Pluto im Spannungsaspekt zu Lilith

Falls ein Bezug dieses Transits zum Radix-Mond besteht und die Horoskopeignerin sich in den ersten Monaten der Schwangerschaft befindet, ist es ratsam, sich nicht zu überanstrengen, denn die Gefahr einer natürlich bedingten Fehlgeburt kann während dieser Zeit nicht ausgeschlossen werden.

Lilith kann sich für den natürlichen Verlauf einer Schwangerschaft und für die Gesundheit im Intimbereich als problematisch erweisen. Deswegen ist es empfehlenswert, sich während der kommenden Jahren regelmäßig ärztlichen Kontrollen zu unterziehen.

Eine andere wenig angenehme Auswirkung des Transits könnte eine ungewollte Schwangerschaft sein. Die Entscheidung zu einem Abbruch ist nicht selten zu beobachten, wenn Pluto und Lilith sich begegnen. Wenn wir nicht mit solch einem Problem konfrontiert werden wollen, sollten wir unsere Maßnahmen zur Empfängnisverhütung besonders gewissenhaft durchführen.

Die sexuelle Energie könnte blockiert sein, und so manche aus unseren Liebschaften resultierenden Leiden könnten dazu führen, dass wir für eine gewisse Zeit das Interesse am anderen Geschlecht verlieren. Vermutlich handelt es sich um eine Zeit, in der wir das Verlangen verspüren, uns innerlich zurückzuziehen, allein zu bleiben und sämtliche emotionalen »Verwicklungen« zu vermeiden.

Sollten unsere Beziehungen schon seit längerem gestört sein und eher einem Schlachtfeld als einer Liebesbeziehung gleichen, so ist eine Trennung nicht auszuschließen. Wer sich aus solchen Situationen nicht befreien kann, läuft Gefahr, sich selbst zu zerstören. Es ist nutzlos, sich in diesem Fall an den jeweiligen Partner zu klammern, ihm zu drohen, körperliche Gewalt anzuwenden oder Erpressungsversuche zu unternehmen. Der Zeitpunkt ist gekommen, sich darüber bewusst zu werden, dass diese Liebe unwiederbringlich erschöpft, dass sie lediglich noch die Quelle von Leid ist. Auf Rache zu sinnen oder an der Seite des Partners zu verharren und alle möglichen Demütigungen zu erdulden, wird am unvermeidlichen Ende sowieso nichts ändern, sondern es allenfalls hinauszögern.

Die Energie dieses Transits ist derart intensiv, dass sie uns jegliche Illusionen über unsere Existenz verbietet. Vielmehr zerstört sie all unsere falschen Vorstellungen über das Leben, das wir führen. Der Transit soll uns zwingen, die Augen zu öffnen und die Dinge so zu sehen, wie sie wirklich sind. Wir müssen unter diesem Aspekt lernen, die Angst vor dem Verlassen werden zu überwinden und unsere Lebensführung positiver zu gestalten, auch um den Preis von Verlusten. Wenn wir unsere Lektion tatsächlich lernen, werden wir gestärkt daraus hervorgehen.

Deutungsbeispiel

Ava Gardner, die Venus der 50er Jahre

Ava Gardner galt in den Jahren ihrer strahlenden Karriere im Filmgeschäft als Sexbombe, als Göttin der Liebe und als Vamp. Ihre sexuellen Affären waren weltweit bekannt. Die Ehe mit dem Sänger und Schauspieler Frank Sinatra machte Schlagzeilen, ihre Liebe, ihre ständigen Machtkämpfe und seine wiederholten Selbstmordversuche, die er ihretwegen unternommen hatte, haben Millionen von Menschen bewegt. Mit Venus im 5. Haus und Lilith am MC wurde Ava Gardner für ihre Schönheit, ihre erotische Ausstrahlung und ihre Exzesse berühmt. Sie war eine Verführerin und liebte zahlreiche Männer. 1982, als sie schon sechzig und keine Schönheit mehr war, verführte sie den 20-jährigen Sohn ihres Kollegen Anthony Quinn und machte ihn zu ihrem Liebhaber. Bald darauf wurde der zwanzig Jahre jüngere Regisseur Stuart Cooper ihr Bettgefährte. Im Jahr 1982, als die ältere Diva ihre Affären mit den beiden jüngeren Männern begann, transitierte Lilith den Schwarzen Mond in ihrem 5. Haus und erreichte die Radix-Sonne, dabei aktivierte dieser die Radix-Konstellation Sonne Quadrat Lilith. Gleichzeitig bildete Uranus im Transit durch das 5. Haus ein Trigon zu ihrem AC.

Uranus und Lilith als Transit im Haus der erotischen Begegnungen haben mit ihrer Auswirkung diese äußerst gewagten Beziehungen ermöglicht.

Die Gardner war die Tochter eines armen Farmers aus North Carolina. Als sie gerade 17 Jahre alt war, besuchte sie ihre

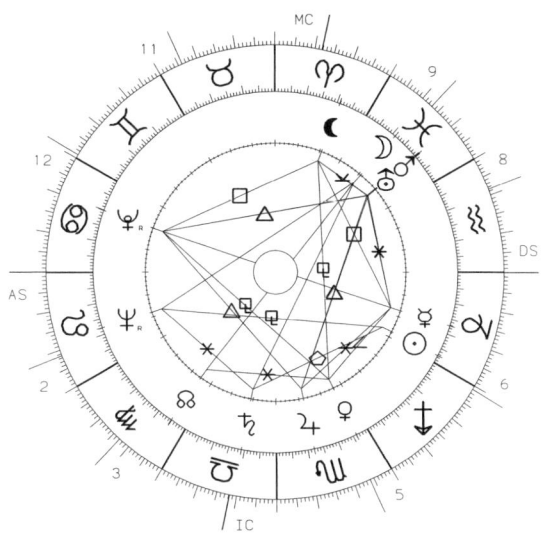

Ava Gardner 24.12.1922 00:10 GMT, Smithfield, North Carolina

Schwester in New York und wollte dort als Sekretärin arbeiten. Doch ihr Schicksal wollte es anders: Als 1940 ihr Schwager sie fotografierte, wurde ein Filmproduzent in Hollywood auf das schöne Provinzmädchen aufmerksam. Obwohl sie keine schauspielerische Begabung vorweisen konnte, bekam sie sofort einen Vertrag. Lilith stand damals in Konjunktion zu ihrer Radix-Stellung und näherte sich dem MC – ein Star war geboren! Pluto, der Planet der umwälzenden Veränderungen, stand an ihrem Aszendenten in Konjunktion, und dieser letzte Transit lieferte die Energie für die größte Lebenswende im Leben der Gardner. Sie bekam eine winzige Rolle und lernte dabei den bekannten ehemaligen Kinderstar Mickey Rooney kennen, den sie 1942 heiratete. Doch als Lilith im Transit ein Jahr später ihren AC erreichte, ging die Ehe wegen der ständigen Seitensprünge Rooneys zu Ende.

In jener Zeit spielte sie in einem Film die Rolle einer Krankenschwester, wodurch die Filmschaffenden auf sie aufmerksam wurden. Sie bekam immer bessere Rollen und machte Karriere. 1946, als Lilith im 5. Haus (Schauspielerei, Liebesaffären) transitierte und die Radix-Venus erreichte, spielte sie die Hauptrolle in dem Film »Rächer der Unterwelt«, in dem sie zum ersten Mal schauspielerisches Talent bewies. In diesem Jahr verliebte sie sich in den Jazzmusiker Artie Shaw. Transit-Uranus bildete ein Quadrat zu ihrem Mond in den Fischen und Neptun transitierte im Quadrat zur Radix-Sonne, was kein guter planetarischer Segen für eine Liebesbeziehung ist, die sich gerade im Anfangsstadium befindet: Die Enttäuschung war vorprogrammiert. Im Bett klappte es sehr gut zwischen den beiden, außerhalb aber nicht: Shaw war ein intellektuell ausgerichteter Mensch und hielt seine Frau für dumm und ungebildet. Um ihm zu gefallen, versuchte sie es mit Fortbildungen und Lektüre, machte sogar einen Intelligenztest, der übrigens sehr gut ausfiel. Und wieder nach einem Jahr Ehe ging die große Liebe zu Ende – ein Jahr, in dem sie versuchte, ihren Frust im Alkohol zu ertränken. Merkur in Steinbock weist auf eine gute geistige Verfassung hin. Er steht jedoch im Quadrat zu Saturn und Chiron. Für dumm verkauft zu werden, hat der schönen Gardner bestimmt sehr weh getan. Merkur als Herrscher des 3. Hauses in Quadrat zu Saturn im 4. Haus steht symbolisch für die fehlende Bildung aufgrund ärmlicher familiärer Verhältnisse. Diese Aussage wird durch ihre Biographie bestätigt: Sie stammte aus einer armen Familie und musste schon in jungen Jahren selbst für ihr Einkommen sorgen.

Als sie nach den Liebesenttäuschungen zu trinken begann, stand die Transit-Lilith im Quadrat zu der eigenen Radix-Stellung. In den Jahren nach ihrer zweiten Ehe tröstete sich Ava Gardner mit zahlreichen Liebhabern. Sie wurde in Hollywood wegen ihrer Exzesse und ihrer unersättlichen Sexgier »das schöne Tier« genannt.

Anfang 1950 traf sie Frank Sinatra und begann mit ihm eine leidenschaftliche Liebesgeschichte. Der Schwarze Mond stand Anfang Stier im Trigon zur Radix-Sonne und erreichte im Verlauf des Jahres 1950 die Opposition zur Radix-Venus. Als die Presse die Affäre bekannt bekannt machte, wurde Ava Gardner als skrupellose Verführerin und Schlampe beschimpft, sie erhielt sogar Morddrohungen. Sinatra war noch verheiratet, und in den 50er Jahren galt Ehebruch noch als moralisches Delikt. Ihre Beziehung wurde nie glücklich. Gegenseitige Untreue, Alkoholexzesse, Streitigkeiten und Gewalt waren an der Tagesordnung. Auch die Scheidung Sinatras von seiner ersten Frau und die darauf folgende Ehe mit Ava Gardner brachten nicht den erhofften Frieden. Wegen ständiger Streitigkeiten und Untreue entfernten sie sich voneinander.

1954 – als sie noch mit Sinatra verheiratet war – verliebte sich die Gardner in den Matador Luis Miguel Dominguin, begann aber kurz darauf noch eine weitere Affäre mit einem anderen spanischen Matador, der vor ihren Augen in der Arena von einem Stier getötet wurde. Der Schwarze Mond stand im Trigon zur Radix-Mars/Uranus-Konjunktion, Pluto bildete ein Quadrat zur Radix-Venus. Im Jahr 1957 war die Ehe mit Frank Sinatra endgültig zu Ende, sie ließen sich scheiden. Wenn wir im Geburtshoroskop von Ava Gardner nach den Aspekten suchen, die mit ihren Blitzehen und den häufigen Trennungen und Scheidungen in Zusammenhang stehen, fällt uns sofort die Stellung Uranus in Konjunktion zu Mars im 8. Haus (das Haus der Sexualität und der Scheidungen) ins Auge. Da der AC nur noch knapp im Krebs bei 29°55′06 steht, könnte ich mir bei einer Geburt um 00:10 vorstellen, dass der AC wegen der wenigen Minuten Unterschied bereits im Löwen war. Durch seine Platzierung im 8. Haus wäre die Entsprechung von schnell eingegangenen Ehen und kurz danach folgenden Scheidungen im Schicksal des Hollywood-Stars jedoch sehr passend. Die Konjunktion Mars-Uranus ist sinnbildlich für die vielen und sehr kurzen sexuellen Beziehungen, die sie in ihrem Leben eingegangen ist. Nach der Scheidung von Sinatra folgte ein Film nach dem anderen und ein Liebhaber nach dem anderen, Alkohol und Sex, aber auch Entbehrung und Armut bestimmten ihr Le-

151

ben. Immer wieder konnte Ava Gardner sich jedoch in den Griff bekommen und war nach jeder Krise wieder imstande, Filme zu drehen und einiges in Ordnung zu bringen.

Wenn wir Lilith am MC im Quadrat zur Sonne sowie Venus im Skorpion im 5. Haus in dominanter Stellung betrachten, können wir uns vorstellen, dass Liebe und Sex im Leben der schönen Diva die Hauptrolle gespielt haben. In der damaligen Zeit herrschte eine Doppelmoral: Hollywood verlangte von seinen Diven, dass sie sexy und verführerisch aussahen, aber sobald sie ein bewegtes Privatleben an den Tag legten, wurden sie in der Öffentlichkeit sofort als skrupellose Verführerinnen oder als Vamp beschimpft. So war es auch damals, als die kühle Ingrid Bergman ihren Ehemann verließ und ihrem italienischen Liebhaber, dem Regisseur Roberto Rossellini, nach Italien folgte. Hollywood drehte ihr sofort den Rücken zu.

Welche Schauspielerin würde heute wegen ihres bewegten Liebeslebens »das schöne Tier« genannt werden? Die Zeiten ändern sich und mit dem Zeitgeist auch die Bedeutung der Planeten. In den 50er Jahren lebte eine Frau mit einer dominanten Lilith die Rolle der »skrupellosen« Verführerin aus und wurde von der Öffentlichkeit deswegen verurteilt. Heutzutage herrscht die Moral von damals nicht mehr und die Energie von Lilith wird unter anderen Aspekten betrachtet: Der Schwarze Mond befreit uns von Vorurteilen. So gilt auch Uranus nicht mehr als Scheidungsfaktor, sondern als Voraussetzung für eine gelungene Partnerschaft, in der Gleichheit und Respekt für die Individualität des Partners herrschen. Früher brachte Uranus im Transit durch das 7. Haus eine Scheidung, heute bringt er auf der Ebene der Partnerschaft mehr Freiraum und Ehrlichkeit.

So konnte vor einigen Jahrzehnten ein Transit von Lilith, begleitet von anderen Transiten der geistigen Planeten zur Radix-Venus, einen Skandal bewirken, heute können die gleichen Auslöser eine in jeder Hinsicht stimulierende Zeit für den Horoskopeigner bedeuten.

Standardwerke der Astrologie

LIANELLA LIVALDI-LAUN

Lilith

Die Begegnung mit dem Schmerz.
Die Astrologie des Schwarzen Mondes
Broschur, 160 Seiten, 62 Abbildungen

ISBN 3-925100-15-6

Lilith war nach hebräischer Tradition die erste Frau Adams, die dunkle Erscheinungsform der weiblichen Gottheit.

In der Astrologie entspricht Lilith dem Schwarzen Mond. Es handelt sich nicht um einen hypothetischen Planeten, sondern um einen sensitiven Punkt, vergleichbar mit den Mondknoten. Lilith ist per Definition der zweite Brennpunkt der Mondellipse, wobei der erste Brennpunkt von der Erde selber eingenommen wird. Die Umlaufzeit beträgt 3232 Tage, was ca. 9 Jahren entspricht.

Die Autorin untersucht diesen kaum erforschten sensitiven Punkt anhand zahlreicher Horoskopbeispiele. Sie stellt heraus, daß Lilith die nicht integrierte Anima in der männlichen Psyche darstellt, während sie in der weiblichen Psyche den Schatten verkörpert. Lilith der schwarze Mond entspricht dem Prinzip der unerfüllten Wünsche: dem Gefühl, welches nach der Vertreibung aus dem Paradies in uns zurückgeblieben ist.

Neben der Deutung Liliths in den Häusern bespricht Lianella Livaldi-Laun ausführlich die Aspekte zu den persönlichen Planeten.

Der Mond ... galt als höchster Ausdruck der Weiblichkeit, mit positiven und negativen Valenzen; er war für den Menschen immer sichtbar. Lilith hingegen entsprach einem gefährlichen dunklen weiblichen Bild. *Roberto Sicuteri*

CHIRON VERLAG

Standardwerke der Astrologie

LIANELLA LIVALDI LAUN

Jahresthemen im Horoskop

Das Solar in sieben Schritten
112 Seiten, 32 Abbildungen
ISBN 3-925100-25-3

Dieses Buch gibt dem Anfänger einen leicht nachvollziehbaren Einstieg in die Solartechnik und eröffnet dem Astrologen neue Ansätze für die Arbeit mit dem Jahreshoroskop. Die Frage nach den zukünftigen Trends spielt in der Astrologie immer eine große Rolle. Neben der Beobachtung der Transite kommt dabei dem Solarhoroskop ganz besondere Bedeutung zu. Ein Solar wird auf den jeweiligen Geburtstag berechnet und ermöglicht die prognostische Vorschau auf das kommende Jahr.

Die Autorin arbeitet seit vielen Jahren erfolgreich mit dieser Methode und gibt einen Einblick in die praktische Handhabung der Technik. Sie führt den Leser in sieben Schritten an die Deutung des Solars heran. Anhand zahlreicher Beispiele ermöglicht sie dem Leser die Ausarbeitung der Jahresthemen und berücksichtigt dabei auch die neuen Faktoren Chiron und Lilith.

Einmalig ist ihre Einführung der Solartechnik in die Partnerschaftsastrologie. Dabei gelangt sie zu ganz neuen und für das wechselseitige Miteinander sehr fruchtbaren Ergebnissen.

Alles in allem ein Buch, das als Basislektüre von Anfängern in Prognosetechniken, als auch als Anregungsmaterial von fortgeschrittenen und beratend tätigen Astrologen gelesen werden kann.

Meridian

CHIRON VERLAG

Standardwerke der Astrologie

LIANELLA LIVALDI LAUN

Lilith in der Partnerschaft

Selbstverwirklichung durch den
Schwarzen Mond
150 Seiten, 33 Abbildungen, Broschur

ISBN 3-925100-72-5

Lilith steht für das Besondere in einer Beziehung. Sie beeinflusst uns mit einer sehr unberechenbaren Energie, die sich von einem Extrem zum anderen manifestieren kann. Sie vermag manchmal destruktive Auswirkungen haben, uns andererseits aber genauso aus schwierigen Verstrickungen befreien.

Das Drama ist ein Thema, das Lilith zugehört, weil Menschen mit einer starken Lilithbetonung sich in Bezug auf Partnerschaft nach intensiven Erfahrungen sehnen. Lilith spielt auch eine große Rolle bei Beziehungen, die aus den Normen fallen, wie z.B. Beziehungen von homosexuellen Paaren, zwischen Partnern mit einem großen Altersunterschied oder zwischen Personen aus sehr unterschiedlichen kulturellen Gesellschaften. Auch Partnerschaften auf Distanz sind eine Lilith-Entsprechung, denn dadurch werden die Partner vor der gefährlichen Nähe verschont. Es gehört nicht zu der Natur von Lilith, große Opfer für die Partnerschaft und für die anderen aufzubringen, und erst recht nicht, wenn sie sich dazu gezwungen fühlt.

Die Autorin verfügt über eine jahrelange Erfahrung als Beziehungsberaterin. Sie beleuchtet alle Gesichtspunkte einer Partnerschaft mit dem Lilith-Prinzip. Sie zeigt, welche Funktion dies für das eigene Erleben einer Beziehung im Leben einer Frau oder eines Mannes spielt. Neben diesen ausführlichen Deutungen für das Geburtshoroskop bespricht sie Lilith auch im Partnervergleich, im Composit und im Begegnungshoroskop und macht ihre Erkenntnisse durch viele Beispiele aus dem Leben anschaulich.

CHIRON VERLAG

Standardwerke der Astrologie

LIANELLA LIVALDI LAUN

Chiron in der Partnerschaftsastrologie

Die Versöhnung der Gegensätze
106 Seiten, Hardcover, 25 Abb.
ISBN 978-3-89997-125-5

Gegensätze ziehen sich an, besagt eine Redensart. Aber warum ist dem so? Der Kentaur Chiron – halb Mensch, halb Pferd – trägt diesen unversöhnlichen Gegensatz in sich. So verwundert es nicht, dass er gerade bei ungleichen Partnerschaften immer wieder an prominenter Stelle im Horoskop zu finden ist. Aber Chiron ist auch der Heiler und die Autorin zeigt Ihnen, wie dieser immer wieder bei heilenden und heilsamen Beziehungen eine wichtige Rolle spielt.

Lianella Livaldi Laun zeigt die verschiedenen Formen von Verletzungen in Verbindung mit der Chiron-Thematik sowohl an Konstellationen ihrer eigenen Klienten und Schüler als auch bei Romanfiguren. Dabei bleiben weder die Transite Chirons und ihre Auswirkungen unerwähnt noch die Chiron-Position im Composit. ... Dieses Buch ist für Einsteiger genauso empfehlenswert wie für fortgeschrittene Astrologen, zumal es sehr lebendig und praxisnah geschrieben ist. Sternzeit 26/2006

CHIRON VERLAG

Standardwerke der Astrologie

LIANELLA LIVALDI LAUN

Das Begegnungshoroskop

*Die Geburt einer Beziehung und
ihre Entwicklung*
101 Seiten, Paperback, 17 Abbildungen
ISBN 978-3-89997-251-1

Auf den Zeitpunkt der ersten Begegnung
kann man ein Horoskop erstellen. Darin er-
kennt man zunächst, welche Themen die
Beteiligten verbinden. Aber auch, ob es in bestimmten Lebensbe-
reichen zu Hemmnissen kommen kann. Weiterhin kann man aber
vor allem beobachten, wie die Beziehung sich entwickeln wird.
Ähnlich wie bei einem Geburtshoroskop kann man die Transite verfolgen und sehen, welche äußeren Einflüsse vorhanden sind. Dies gilt
für Liebensbeziehungen, die Eltern-Kind-Beziehung oder auch Ge-
schäftsbeziehungen. Mit Deutungstexten zu allen Häusern und Planeten.

*Dank des vorliegenden, gut lesbaren Deutungsbuches von Lianella
Livaldi Laun gelingt es dem astrologisch versierten Leser, die Hinter-
gründe und Muster einer Beziehung leichter zu entschlüsseln und die
Hauptthemen zu erkennen. Das Buch ist sehr empfehlenswert und es
lädt zum Experimentieren mit eigenen Beispielen ein.*
Astrologie Heute Nr. 189

CHIRON VERLAG

Standardwerke der Astrologie

LIANELLA LIVALDI LAUN

Liebesbeziehungen im Horoskop

226 Seiten, kartoniert, 2. erw. Auflage

ISBN 3-89997-102-7

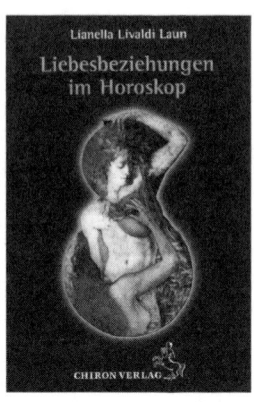

Jede tiefe Liebesbeziehung ist ein weiterer Schritt zu Vervollkommnung und Selbsterkenntnis. Die Autorin macht deutlich, dass es in Liebesbeziehungen vor allem darum geht, das Potential zu erkennen, das sich durch die Kraft der Liebe, aber auch durch Konflikte entfalten möchte. Die Astrologie hilft uns, dieses Potential zu erkennen und ein tieferes Verständnis von der Dynamik unserer Beziehungen zu erkennen.

Dieses Buch stellt sowohl bekannte als auch neue Methoden des Partnervergleichs vor und enthält Deutungen zu allen wichtigen Konstellationen in Partnerhoroskopen. Darüber hinaus werden Composit- und Combin-Horoskope ausführlich an anschaulichen Beispielen erläutert. Dadurch gelingt es dem Leser, die vorgestellten Methoden schnell auf seine eigenen Liebesbeziehungen zu übertragen.

Dieses Buch ist wie eine Liebe auf den ersten Blick. Es hat mir gleich gefallen, angefangen von dem erotisch-sinnlichen Titelbild auf dem Umschlag bis zu dem Kapitel über die Liebesbeziehung zwischen Henry Miller und Anais Nin aus astrologischer Sicht. Nur selten wurde so lehrreich und poetisch zugleich, über die Liebe, dieses alte Thema der Menschheit, geschrieben. Meridian 6/1993

CHIRON VERLAG

Standardwerke der Astrologie

MELANIE REINHART

Die Mondknoten

Das innere Gleichgewicht im Horoskop
162 Seiten, 15 Abbildungen, Broschur

ISBN 3-925100-41-5

Die Bahnen von Sonne und Mond über-
schneiden sich an zwei im Tierkreis gegen-
überliegenden Stellen: den Mondknoten.
Die Mondknoten bilden somit eine wichtige Achse im Horoskop.
Eine häufig gestellte Frage lautet aber: wie soll man die Mondknoten
zuverlässig deuten? Meistens wird der südliche Mondknoten als Vergangenheit im persönlichen wie auch im karmischen Sinne betrachtet
und der Nordknoten als die Zukunft. Melanie Reinhart zeigt jedoch,
daß dies nur eine eingeschränkte Sichtweise der Mondknotenachse
bedeutet. In den Mondknoten tauschen sich die Prinzipien von
Sonne, Mond und Erde aus. Die beiden Knoten ergänzen sich und
schaffen so ein inneres Gleichgewicht.
Sie untersucht den rückläufigen Zyklus und zeigt dessen Bedeutung
als Weg zur inneren Balance. Gerade diese Sichtweise auf die Mondknoten als ein Faktor zum Ausgleich der Gegensätze zeichnet das
Buch besonders aus. Anhand leicht nachvollziehbarer Fallstudien
erhält der Leser Anleitungen zur Deutung der Mondknoten und
gelangt zu einem erweiterten Verständnis dieser wichtigen Achse im
Horoskop. Endlich ein Buch mit einer lebensnahen Auslegung der
Mondknotenachse.

CHIRON VERLAG

Standardwerke der Astrologie

LIZ GREENE

Uranus im Horoskop

Prometheus und die Kunst,
das Feuer zu stehlen
320 Seiten, 12 Abbildungen, Broschur

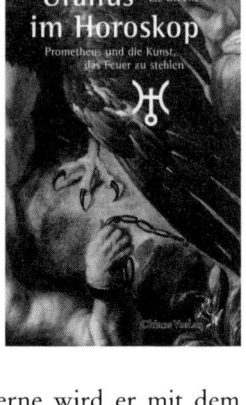

ISBN 3-925100-44-X

Uranus ist immer für eine Überraschung
gut! Vor allem lässt sich seine astrolo-
gische Bedeutung nicht einfach festlegen. Gerne wird er mit dem
Begriff »Individualität« gleichgesetzt, doch damit werden die urani-
schen Kräfte nicht umfassend beschrieben.
In dem vorliegenden Buch zeigt Liz Greene die Querverbindungen
zu mythologischen Bildern und zu historischen Ereignissen auf. Dabei stützt sie sich vor allem auf den Mythos des Prometheus, der den
Göttern das Feuer der Kreativität stiehlt und den Menschen damit
die Möglichkeit zur Bewusstseinserweiterung gibt. Die Strafe des
Prometheus steht für den Preis, den wir für nicht gelebtes uranisches
Wissen bezahlen.
Uranus' Bedeutung im Geburtshoroskop wird ausführlich be-
sprochen. Dabei stehen vor allem die Stellung in den Häusern, die
Aspekte zu den persönlichen Planeten sowie sein Bezug zum Kör-
perbewusstsein im Mittelpunkt.
Im zweiten Teil werden die Transite von Uranus und Saturn unter-
sucht. Indem Li Greene einen mythologischen und psychologischen
Zugang wählt, eröffnet sie dem Leser die Möglichkeit, über eine
oberflächliche Deutung anhand von Schlüsselbegriffen hinaus zu
gelangen. Ein umfassendes und in die Tiefe gehendes Buch über den
Planten Uranus im Horoskop, das seinesgleichen sucht.

CHIRON VERLAG